THÈME 3 | Matériaux et objets techniques

CM1	CM2	6e
Identifier les principales évolutions du besoin et des objets.		
Décrire le fonctionnement d'objets techniques, leurs fonctions et leurs constitutions.		
Identifier les principales familles de matériaux.		
	Observer les impacts sur l'environnement.	
Concevoir et produire tout ou partie d'un objet technique.		
Repérer et comprendre la communication et la gestion de l'information, approcher les algorithmes.		
		Communiquer en réseau.

THÈME 4 | La planète Terre, les êtres vivants dans leur environnement

CM1	CM2	6e
Situer la Terre dans le système solaire, décrire les mouvements de la Terre.		
Caractériser les composantes biologiques et géologiques d'un paysage.		Caractériser les conditions de vie terrestre.
Observer les effets de l'activité interne et externe de la Terre.		Expliquer les phénomènes.
Observer la répartition des êtres vivants et le peuplement des milieux.		Expliquer la répartition selon les conditions physicochimiques.
Identifier les enjeux liés à l'environnement.		

CM
CYCLE 3

Sciences & Technologie

Chercheurs en herbe

Programme 2016

Sous la direction de
Martine Sache
Inspectrice de l'Éducation nationale

Nadia Bounifi
Professeure de Sciences Physiques et Chimie (SPC)

Édith Doublet
Conseillère pédagogique de circonscription

Aurélie Ménard-Parrod
Professeure de Sciences de la Vie et de la Terre (SVT)

Martine Sache
Inspectrice de l'Éducation nationale

Rémi Tourret
Professeur de Sciences de la Vie et de la Terre (SVT), formateur ESPE

Philippe Touron
Professeur de Technologie

Bordas

Remerciements

L'équipe de Beneylu School

Cyclo.com - Marseille

Chevalier diffusion - Pessac

S. Dunand, Directrice, École Saint-Érembert à Saint-Germain-en-Laye

G. Lecorsier, Professeur de Technologie
Collège Magellan à Chanteloup-les-Vignes

V. Lauby, Chef d'établissement, Lycées et Collège Saint-Érembert
à Saint-Germain-en-Laye

N. Nion, Laboratoire SVT, Lycée E. Branly, Dreux

V. Parrod, Professeur des écoles, Dreux

École élémentaire Michel Grillard, Roissy-en-Brie

M. Vilette, Laboratoire SVT, Lycée E. Branly, Dreux

La municipalité de Roissy-en-Brie

ainsi que Éléonore et Joan

Édition : Malik Agina, Béatrice Le Brun
Relecture : Anne Dellenbach-Pesqué
Iconographe : Fabrice Lucas
Direction artistique : Pierre Taillemite
Couverture : Yann Collin
Conception maquette : Joelle Parreau, Oxygène Multimedia (pages projets)
Mise en page : Évelyne Boyard, Joëlle Parreau, Oxygène Multimedia (pages projets)
Illustrations : Amandine Wanert - Illustrations BD : Loïc Méhée
Infographie, schémas : Hélène Couvidou, Vincent Landrin, Nathalie Nourry-Guéveneux
Fabrication : Françoise Leroy
Photogravure : Irilys

ISBN : 978-2-04-733554-3

Avant-propos

Toutes les disciplines scientifiques et la technologie concourent à la **construction d'une première représentation globale, rationnelle et cohérente du monde** dans lequel l'élève vit. Le programme de « Sciences et Technologie » du cycle de consolidation (cycle 3), publié au *Bulletin officiel spécial n° 11 du 26 novembre 2015*, y contribue en s'organisant autour de quatre thèmes qui conjuguent des questions majeures de la science et des enjeux sociétaux contemporains :

- **Thème 1 :** Matière, mouvement, énergie et information
- **Thème 2 :** Le vivant, sa diversité et les fonctions qui le caractérisent
- **Thème 3 :** Matériaux et objets techniques
- **Thème 4 :** La planète Terre, les êtres vivants dans leur environnement

Les classes de CM1 et de CM2, premières années du cycle de consolidation, comprennent deux heures hebdomadaires pour la mise en œuvre de l'enseignement de « Sciences et Technologie », nouvelle matière articulée autour des compétences du socle commun de compétences, de connaissances et de culture.

Ce nouveau manuel, *Chercheurs en herbe CM*, tient compte de ces nombreuses évolutions. Ainsi, vous y trouverez :

- un environnement de travail agréable et structuré autour de la matière « **Sciences et Technologie** », facilement accessible à tous les professeurs des écoles ;
- des connaissances à acquérir choisies en fonction des **repères de progressivité** de CM/6e nécessaires pour garantir la cohérence et la progressivité des apprentissages dans une logique de cycle ;
- des **démarches scientifiques et technologiques** variées et structurées autour de **trois temps forts** : Je m'interroge – Je cherche/Je réalise – Je conclus ;
- des doubles pages s'organisant autour de la résolution d'une **situation de recherche à partir d'une question signifiante ou productive**, qui contribue à apporter des éléments de réponses aux attendus de fin de cycle ;
- des **activités variées** et des **documents de qualité** permettant aux élèves de mobiliser leurs savoirs, leur savoir-faire et savoir-être dans un cadre suffisamment ouvert pour leur permettre d'exercer leur autonomie d'organisation et de raisonnement, dans le cadre du **socle commun** ;
- des pistes de travail laissant une **liberté pédagogique** à l'enseignant ;
- des **projets** proposant des **approches** concrètes qui permettent les **convergences disciplinaires** ;
- des pages **Bilan** comprenant un **résumé rigoureux** pour chaque **attendu de fin de cycle**, avec un « Essentiel par le texte et par l'image » facilitant la mémorisation ;
- des **fiches méthodologiques** qui contribuent à l'acquisition la compétence « Pratiquer une démarche scientifique et technologique » ; elles aident les élèves dans leur mise en œuvre de procédures et leur donnent des indications sur la réussite du travail à accomplir ;
- un **lexique** pour participer à l'acquisition des bases d'un langage scientifique.

Les auteurs

Sommaire du THÈME 1

Matière, mouvement, énergie et information

Sommaire du THÈME 2

Le vivant, sa diversité et les fonctions qui le caractérisent

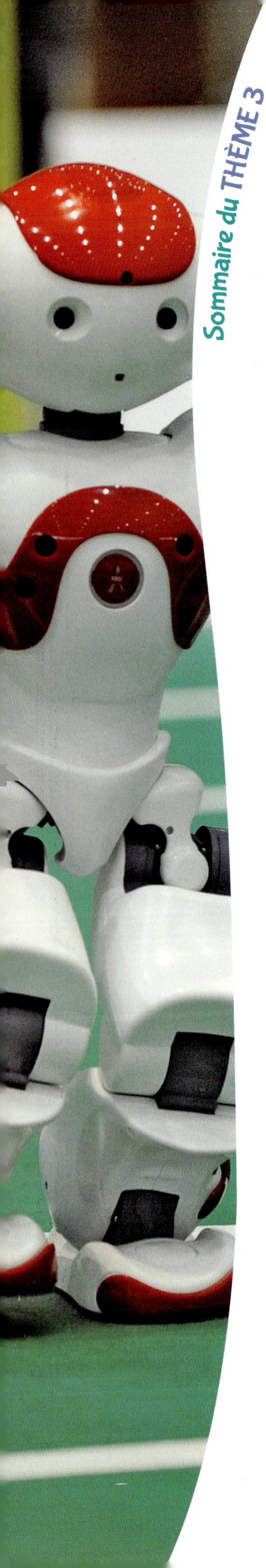

Sommaire du THÈME 3

Matériaux et objets techniques

Sommaire du THÈME 4

La planète Terre, les êtres vivants dans leur environnement

Fiches méthodologiques
Pratiquer des démarches scientifiques et technologiques

VEGAS
WON'T STOP

THÈME 1

Matière, mouvement, énergie et information

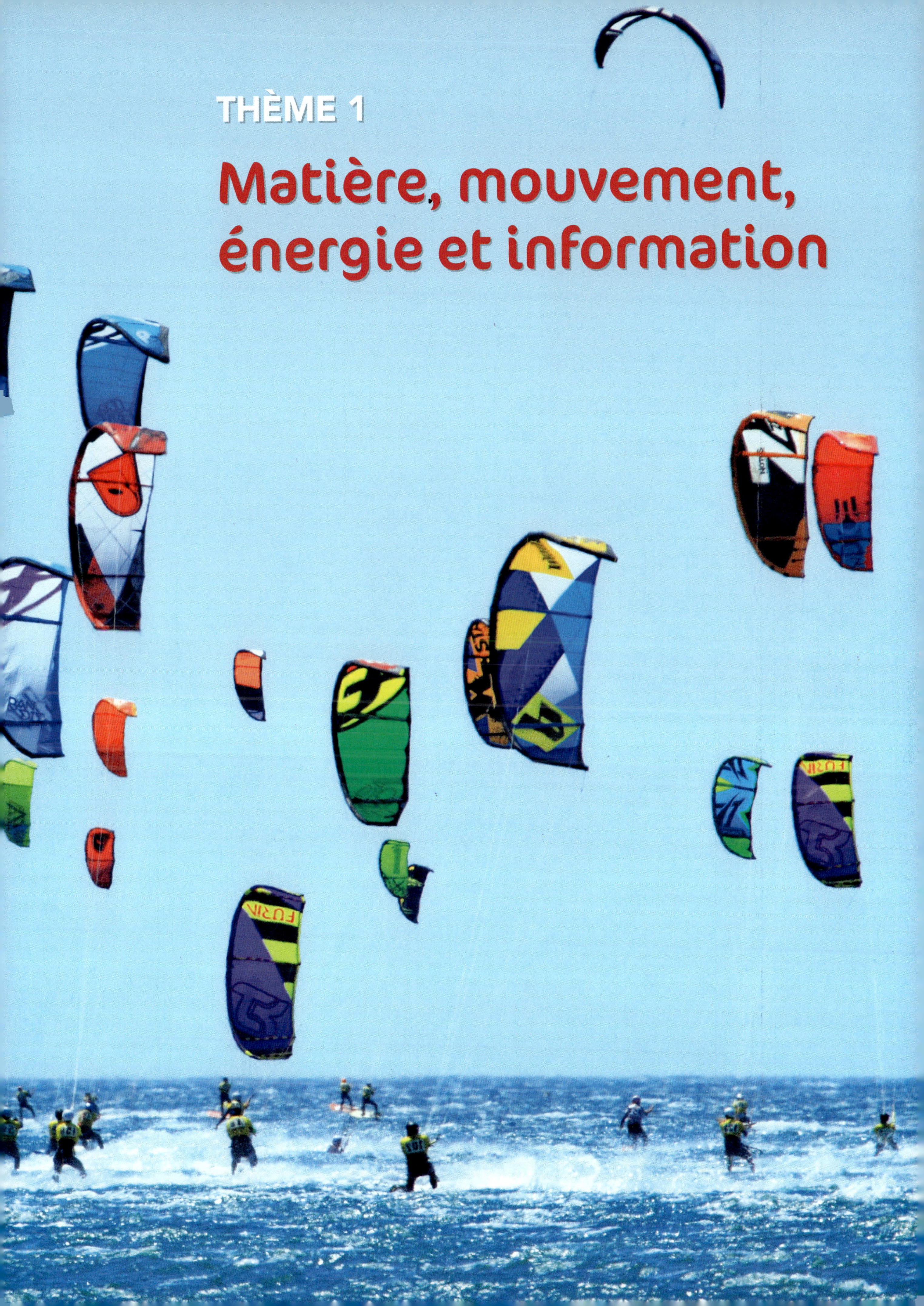

1 La banquise disparait !

Je m'interroge

La banquise est une couche de glace de plusieurs mètres d'épaisseur à la surface des océans à proximité des Pôles. Depuis plusieurs années, les scientifiques observent une diminution de sa surface. **Saurais-tu dire ce que devient cette glace ?**

Je cherche, je réalise

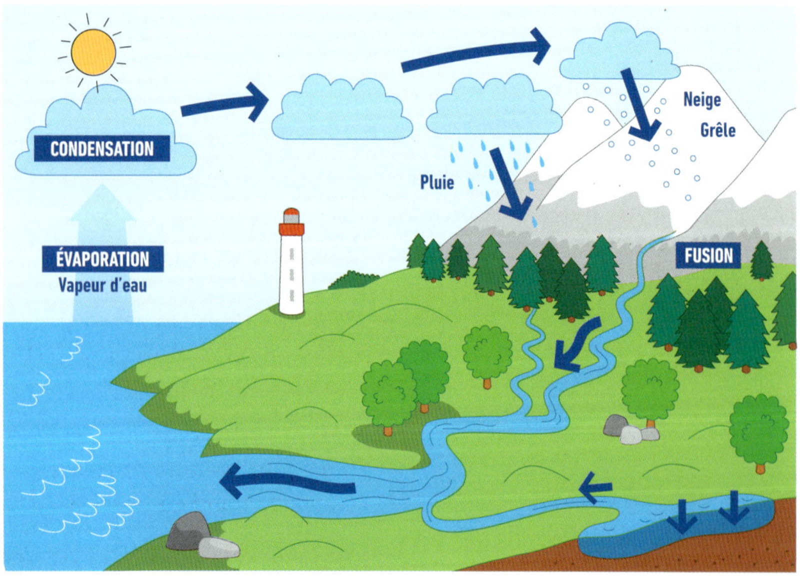

Dans la nature, l'eau se trouve sous différentes formes : nuage, lac, pluie, neige…
Ces formes peuvent prendre des **états physiques** différents (solide, liquide, gazeux).
En passant d'un état à un autre, l'eau suit un **cycle**. Ce cycle se renouvelle indéfiniment.

DOC 1 Le cycle naturel de l'eau

Pour décrire les états de la matière à l'échelle macroscopique, j'identifie les conséquences des changements d'état de la matière.

Pour atteindre le glacier de la mer de Glace, les touristes doivent descendre un escalier de 420 marches. Le nombre de marches ne fait qu'augmenter chaque année !
En effet, en 130 ans, ce glacier a perdu près de 2 km de sa longueur et s'est aminci de 150 mètres. Parallèlement, d'après les glaciologues, les températures estivales ont augmenté de 1,5 °C en 30 ans.

DOC 2 La mer de Glace, un glacier qui recule

J'explique un phénomène à l'oral et à l'écrit

SOCLE

Explique d'où vient l'eau douce contenue dans le verre.

Le cycle de l'eau dans la nature peut être **modélisé** en classe avec le montage ci-contre.

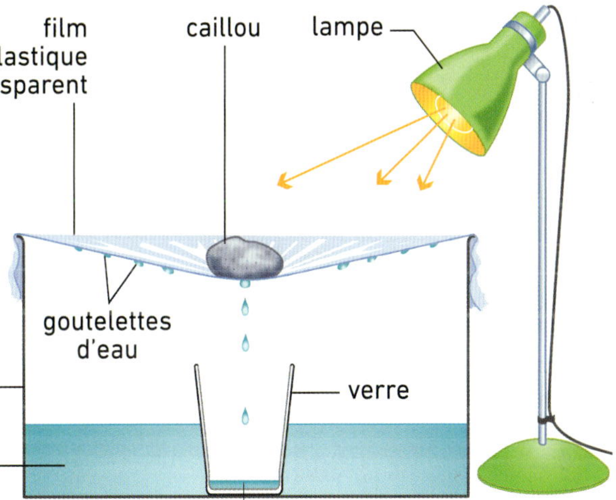

DOC 3 Modéliser le cycle de l'eau en classe

Activités

- Dans un tableau, associe les formes de l'eau dans la nature avec leur état physique (**doc. 1**).
- Propose une hypothèse pour expliquer le recul des glaciers (**doc. 2**).
- Retrouve les éléments du cycle de l'eau dans la modélisation (**doc. 3**).

Je conclus

Explique ce que devient la glace de la banquise.

VOCABULAIRE

- **un cycle :** série de phénomènes se renouvelant.
- **les états de la matière :** la matière peut se présenter à l'état solide, liquide et gazeux.
- **une modélisation :** représentation simplifiée du réel.

2 Un pique-nique plus léger

Je m'interroge

L'eau gelée et l'eau liquide n'ont pas le même aspect.
Mais, d'après toi, l'eau gelée est-elle plus lourde que l'eau à l'état liquide ?

Je cherche, je réalise

Si de l'eau liquide est transvasée dans des récipients de différentes formes, on observe que l'eau épouse la forme du récipient : l'eau liquide n'a pas de forme propre, contrairement à la glace. Dans un récipient immobile, la surface de l'eau est toujours plane et horizontale, quelle que soit l'inclinaison du récipient.

DOC 1 Les propriétés de l'eau liquide

Pour rafraichir sa bouteille d'eau, Enzo la place dans le congélateur. Lorsqu'il la récupère, après plusieurs heures, il s'aperçoit que sa bouteille est déformée.

DOC 2 Des propriétés qui changent avec la température

a

b

Pour différencier plusieurs matières, on utilise certaines de leurs **caractéristiques physiques** comme la **masse** ou le **volume**.
La masse se mesure avec une balance tandis que le volume se mesure avec un récipient gradué qui témoigne de l'espace occupé par la matière.
Par exemple, le sel (pot A) et le sucre (pot B) ont le même aspect visuel, mais n'ont pas les mêmes caractéristiques physiques.

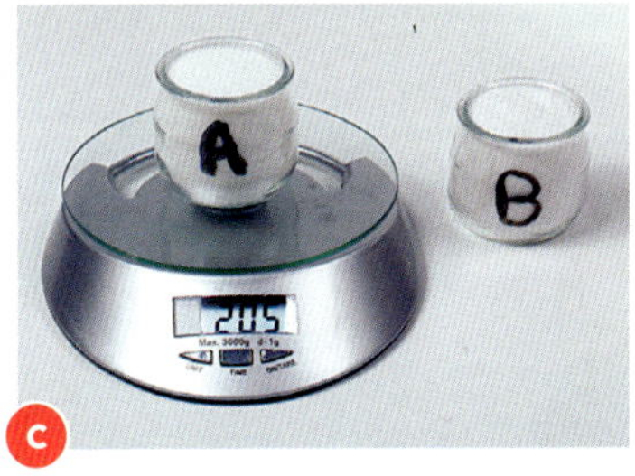

c

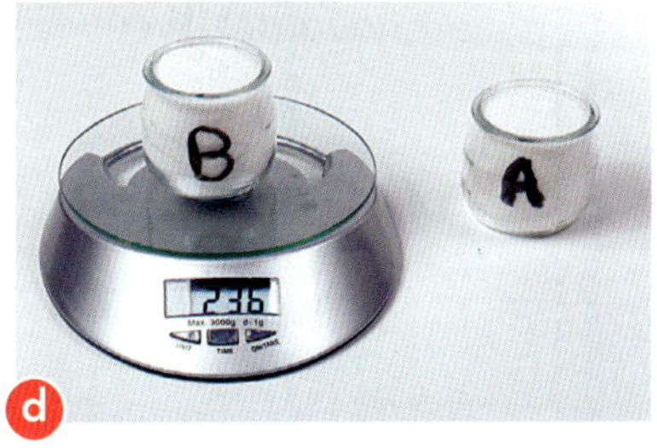

d

DOC 3 Des caractéristiques physiques pour identifier un échantillon de matière

J'organise seul ou en groupe un espace de réalisation expérimentale

Pour réaliser une glace à l'eau, suis le protocole indiqué

Protocole à suivre :
- Dans un pot de yaourt, mélange de l'eau avec du sirop, agite avec un bâtonnet que tu laisseras à l'intérieur.
- Place le pot au congélateur.

Après 24h, observe le pot. Tu pourras enfin déguster une délicieuse glace à l'eau.

Matériel
- ✓ un pot de yaourt en verre
- ✓ un bâtonnet
- ✓ une cuillère à soupe de sirop
- ✓ de l'eau

DOC 4 Réaliser une glace à l'eau

Activités

- Propose une hypothèse pour expliquer la déformation de la bouteille en plastique (**doc. 2**).
- Prouve que le sucre et le sel sont deux matières différentes (**doc. 3**).
- Justifie l'expression « l'eau à l'état solide possède une forme propre (**doc. 1** et **doc. 4**).

Je conclus

Énonce les propriétés qui caractérisent un échantillon de matière.

VOCABULAIRE

- **une caractéristique physique :** propriété qui permet d'identifier une matière/un matériau.
- **la masse :** caractérise la matière, se mesure avec une balance. Unité de mesure : le gramme (g).
- **le volume :** espace qu'occupe la matière. Unité de mesure : le litre (L).

3 La matière dans tous ses états !

Je m'interroge

Le chocolat, tout comme l'eau, peut se présenter sous des états physiques différents.
Et toi, sais-tu pourquoi le chocolat peut exister sous différents états ?

Je cherche, je réalise

a

Lors de l'**ébullition**, l'eau liquide se transforme en vapeur d'eau, formant de grosses bulles dans le liquide (a). Quand les bulles éclatent à la surface, alors il n'est plus possible de voir la **vapeur d'eau** qui est invisible !

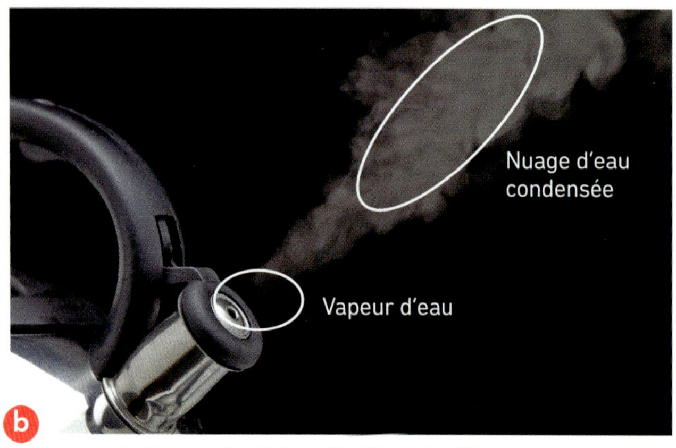

b

À la sortie de la soupape d'une bouilloire (b), la vapeur d'eau brutalement libérée n'est pas non plus visible.

La vapeur d'eau en contact avec l'air plus froid va se **condenser** en gouttelettes d'eau, formant un nuage au-dessus de la cocotte que l'on peut alors observer.

DOC 1 De l'eau invisible

Je fais le lien entre la mesure réalisée et la matière utilisée

Propose des expériences simples pour classer différentes matières grasses en fonction de leur température de fusion ou de solidification.

Pour t'aider, on te propose :
- de rechercher dans quelles conditions de température fondent ces matières grasses ;
- d'indiquer laquelle se solidifie en premier.

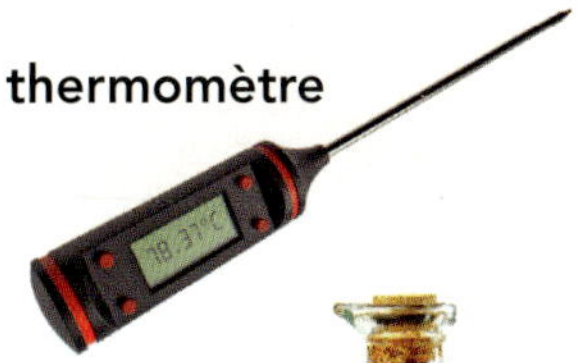

- un thermomètre

- de l'huile d'olive

- du beurre

- du beurre de cacao

DOC 2 Cuisiner des matières grasses

Le chocolat est principalement un mélange de pâte de cacao, de sucre et de beurre de cacao. Les proportions de chaque composant varient en fonction du type de chocolat. Selon les proportions de chacun de ces composants, les températures de **fusion** et de **solidification** vont être différentes.

- Valeur approximative des températures de fusion et solidification des trois types de chocolat :

	Température de fusion (en °C)	Température de solidification (en °C)
Chocolat noir	45 à 50	26 à 27
Chocolat au lait	40 à 45	24 à 25
Chocolat blanc	38 à 40	23 à 25

DOC 3 Le chocolat dans tous ses états !

Activités

- Explique la différence entre la vapeur d'eau et le nuage d'eau (**doc. 1**).
- Émet une hypothèse pour expliquer les différences de température de fusion et de solidification (**doc. 2** et **3**).

Je conclus

Explique comment une matière passe d'un état à un autre.

VOCABULAIRE

- **la condensation :** changement d'état de la matière d'un état gazeux à un état liquide (ou solide).
- **la fusion :** changement d'état de la matière d'un état solide à un état liquide.
- **la solidification :** changement d'état de la matière d'un état liquide à un état solide.

4 De l'air !

Je m'interroge

La Terre est entourée d'une enveloppe gazeuse, appelée atmosphère. Cet air est un mélange constitué principalement de deux gaz : le diazote et le dioxygène.
Comment prouver que l'air est aussi une matière ?

Je cherche, je réalise

Pour gonfler une montgolfière, il suffit de chauffer l'air qui se situe à l'intérieur. Une fois l'enveloppe gonflée, la montgolfière commence à monter dans les airs.

DOC 1 Un vol en montgolfière

Ces élèves modifient le volume occupé par l'air dans une seringue. Ils peuvent **comprimer** ou **détendre** l'air afin qu'il occupe plus ou moins de place. Le doigt placé sur l'embout est alors repoussé ou aspiré.

DOC 2 La place occupée par l'air

Pour décrire la matière à l'échelle macroscopique, j'utilise les propriétés de la matière.

L'air est une matière invisible mais elle peut être mise en évidence grâce à plusieurs de ses propriétés.

DOC 3 **L'air, une matière invisible**

Je propose une hypothèse pour répondre à un problème

Émets des hypothèses concernant la propriété de l'air mise en évidence ici.

Clara et Enzo réalisent l'expérience ci-contre. Clara s'étonne de voir le ballon se gonfler tout seul.

Matériel

- ✓ une bouteille
- ✓ un ballon de baudruche
- ✓ un grand récipient
- ✓ de l'eau chaude

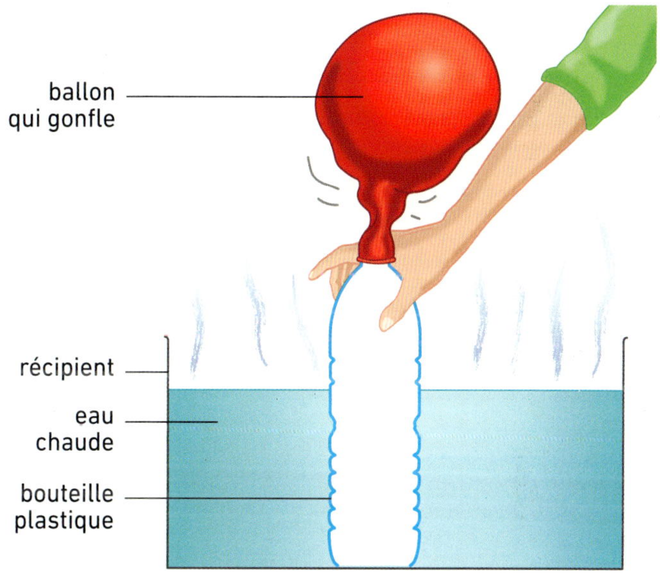

DOC 4 **Comprendre comment le ballon se gonfle tout seul**

Activités

- Quelles informations peux-tu extraire des **doc. 1** et **doc. 2** ?
- Trouve les propriétés mises en évidence dans les **doc. 3** et **doc. 4** et qui témoignent de l'existence de l'air.

Je conclus

Énonce les propriétés de l'air qui montrent que l'air est aussi une matière.

VOCABULAIRE

- **une compression :** diminution du volume d'un gaz.
- **une détente :** augmentation du volume d'un gaz.
- **une propriété :** caractéristique propre d'une matière qui la distingue d'une autre matière.

5 100 % mélange

Je m'interroge !

Malgré leur aspect, beaucoup de boissons sont des mélanges de différents constituants.
Et toi, sais-tu comment reconnaitre un mélange ?

Je cherche, je réalise

Boisson rafraîchissante aux fruits et à l'eau de source.
TENEUR EN FRUITS 12%
INGRÉDIENTS : eau de source 80%, jus de fruits à base de concentrés 12 % (orange 10 %, pomme), sucre, acidifiants : acide citrique et acide malique, arômes, antioxydant : acide ascorbique, colorant : extrait de paprika.
Vruchtenfrisdrank met bronwater. FRUITGEHALTE 12%
INGRÉDIËNTEN : bronwater 80%, vruchtensap uit concentraat 12% (sinaasappel 10%, appel), suiker, voedingszuren: citroenzuur en appelzuur, aroma's, antioxidant: ascorbinezuur, kleurstof: paprika-extract.
Une bouteille de 1l contient 5 verres de 200 ml.
Een fles van 1l bevat 5 glazen van 200 ml.
Déclaration nutritionnelle pour 100 ml // Voedingswaardevermelding per 100ml: Energie 176kJ (41kcal) - Matières grasses (dont acides gras saturés) // Vetten (waarvan verzadigde vetzuren) 0g (0g) - Glucides (dont sucres) // Koolhydraten (waarvan suikers) 9,9g (9,7g) - Protéines // Eiwitten 0,1g - Sel // Zout 0g.
*% de l'apport de référence pour un adulte-type (8400 kJ / 2000 kcal) // % van de referentie-inname van een gemiddelde volwassene (8400 kJ / 2000 kcal).
Retrouvez les % des apports de référence sur www.oasisfun.be
referentie-inname te vinden op www.oasisfun.be

Jus A

Informations Nutritionnelles	Pour 100ml	Pour 200ml**	(%*)
Énergie	204 kJ 48 kcal	408 kJ 96 kcal	(5 %)
Matières grasses	0 g	0 g	(0 %)
dont saturées	0 g	0 g	(0 %)
Glucides	10 g	20 g	
dont sucres	10 g	20 g	(22 %)
Fibres	0,7 g	1,4 g	
Protéines	0,8 g	1,6 g	
Sel	0 g	0 g	(0 %)
Vitamine C	29 mg (36 %*)	58 mg	(73 %*)

Jus B

Un **mélange** est un ensemble de constituants. Dans certains cas, certains constituants sont visibles à l'œil nu, d'autres fois non. Lorsque l'on peut distinguer les constituants à l'œil nu, on appelle cela un mélange **hétérogène**, tandis que lorsque l'on ne peut pas les distinguer à l'œil nu, on appelle cela un mélange **homogène**.

DOC 1 Des étiquettes qui en disent long

Un solide peut se dissoudre ou non dans un liquide. Lorsqu'il se dissout, on dit qu'il est soluble et quand il ne se dissout pas, on dit qu'il est insoluble.

DOC 2 La dissolution

La **décantation** est une technique de séparation des mélanges hétérogènes. Les composés les plus lourds tombent au fond et se séparent du reste du mélange.

DOC 3 La décantation

Dans les stations de traitement de l'eau, l'eau captée a besoin d'être nettoyée pour être ensuite utilisée.

DOC 4 Obtenir de l'eau propre

Activités

- Détermine lequel des jus présentés dans le **doc. 1** est un mélange. Explique pourquoi.
- Réalise l'expérience du **doc. 2**. Après agitation, retrouve les constituants solubles.
- Retrouve la matière la plus lourde (**doc. 3**).

Je conclus

Explique comment différencier un mélange homogène d'un mélange hétérogène.

VOCABULAIRE

- **la décantation :** technique de séparation qui consiste à laisser se reposer le mélange jusqu'à ce que certains constituants tombent au fond du récipient.
- **un mélange :** matière qui a plusieurs constituants.

6 Une encre magique ou presque...

Je m'interroge

L'encre bleue utilisée par Enzo est un mélange contenant différentes substances colorées.
Comment pourrais-tu expliquer que plusieurs couleurs apparaissent ?

Je cherche, je réalise

Le sel contenu dans l'eau de mer peut être récupéré dans un marais salant.

La grande surface et la faible profondeur favorise **l'évaporation** de l'eau de mer sous l'effet du soleil et du vent. Le sel contenu dans l'eau de mer finit par apparaitre et le saunier peut le ramasser.

DOC 1 Les marais salants

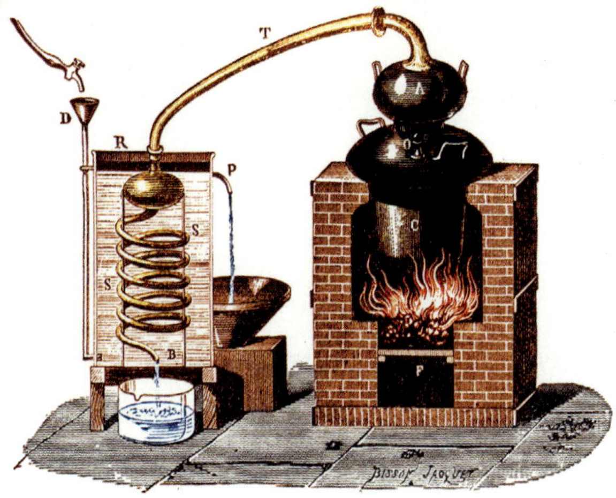

La **distillation** est une technique de séparation des constituants d'un mélange utilisée depuis le XVe siècle.

À la suite de l'**ébullition**, on installait un dispositif refroidissant les vapeurs et on pouvait ainsi récupérer tous les constituants d'un mélange homogène, notamment des huiles essentielles contenues dans les plantes pour se soigner.

DOC 2 Une expérience historique

Je garde une trace des expériences menées

Réalise une chromatographie des feutres de la classe et retrouve les couleurs qui constituent les différents feutres.

La **chromatographie** est une technique de séparation des constituants d'un mélange, notamment utilisée dans la recherche et l'industrie.

Protocole à suivre :

- Découpe un morceau de papier filtre de 7 cm sur 4 cm.
- Trace un trait à 1 cm du bas de la feuille et indique sur ce trait 4 repères pour mettre tes couleurs.
- Réalise un petit dépôt de couleurs à l'aide de 4 feutres (bleu, jaune, vert et rouge), comme sur l'image.
- Positionne ensuite ton papier filtre dans le pot en verre rempli d'un peu d'eau (pas plus d'1 cm).
- Observe.

DOC 3 Réaliser une chromatographie avec des feutres de couleur

Activités

- Décris le principe des marais salants (**doc. 1**).
- Identifie les changements d'états réalisés lors de la distillation (**doc. 2**).

Je conclus

Explique chaque principe des techniques de séparation des mélanges homogènes.

VOCABULAIRE

- **la distillation :** technique de séparation utilisant l'ébullition puis la condensation d'un liquide.
- **l'ébullition :** formation de bulles lors d'un changement violent d'une matière à l'état liquide vers l'état gazeux.
- **l'évaporation :** passage progressif de l'état liquide à l'état gazeux.

Je fais le bilan... par le texte

J'ai découvert :

- Les états de la matière
- Quelques propriétés de la matière
- Les différents mélanges

1 La banquise disparait !

- La matière existe sous trois **états physiques** : solide, liquide et gazeux.
- Dans la nature, le cycle de l'eau est l'enchainement des **changements** d'états physiques de l'eau qui se répète indéfiniment.

2 Un pique-nique plus léger

- Dans le cas de l'eau liquide, la matière prend la forme du récipient qui le contient alors que l'eau à l'état solide possède une forme propre.
- La masse et le volume sont des caractéristiques de la **matière**.

3 La matière dans tous ses états !

- L'état physique d'un échantillon de matières dépend des conditions extérieures, comme la **température**.

4 De l'air !

- L'air est une matière. Ses **propriétés** peuvent être mises en évidence : l'air possède une résistance, l'air est pesant, l'air peut se transvaser, l'air se dilate...
- Le volume de l'air peut être modifié dans un récipient : on peut l'augmenter ou le réduire.

5 100 % mélange

- La plupart des matières qui nous entoure sont des **mélanges** de plusieurs constituants.
- Certains constituants de la matière peuvent être dissous dans l'eau, d'autres non. Les différents constituants d'un mélange peuvent être visibles à l'œil nu (mélange **hétérogène**) ou invisibles (mélange **homogène**).
- La **décantation** et la **filtration** permettent de séparer les constituants d'un mélange hétérogène.

6 Une encre magique ou presque...

Dans un mélange homogène, l'**évaporation**, la **distillation** et la **chromatographie** permettent de récupérer les constituants.

Je me suis entrainé à :

- Mener des observations et des expériences pour caractériser un échantillon de matière.
- Identifier à partir de ressources documentaires les différents constituants d'un mélange.
- Mettre en œuvre un protocole de séparation de constituants d'un mélange.

J'ai utilisé les mots :

- état physique
- changement d'état
- matière
- mélange
- propriété

Je fais le bilan... par l'image

La matière à notre échelle

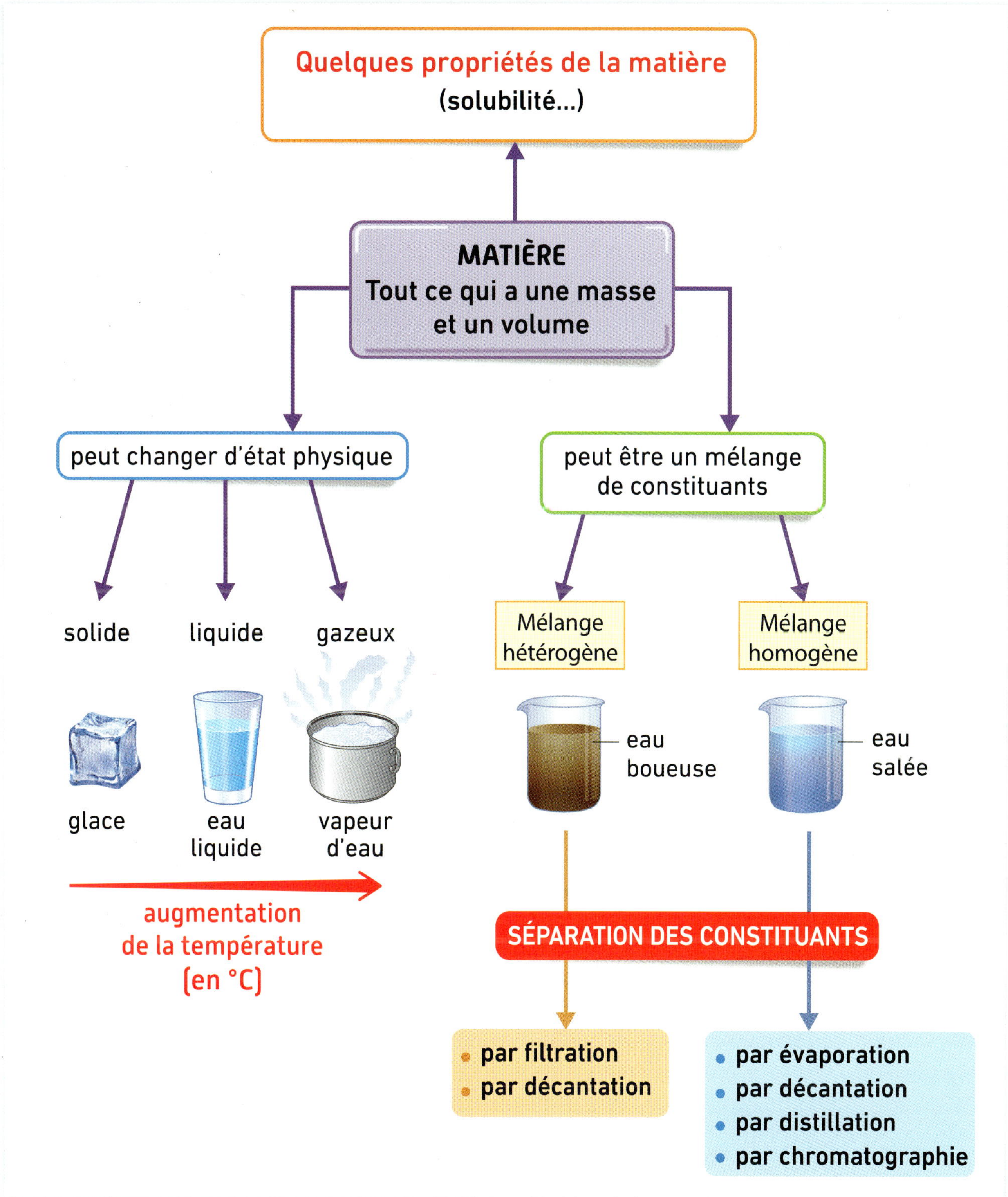

7 Alors, ça bouge ?

Je m'interroge

Thomas Pesquet est un spationaute français parti à bord de la station Internationale (ISS), en orbite autour de la Terre. Ce spationaute est-il en mouvement ?
Et toi, comment ferais-tu pour observer puis décrire un mouvement ?

Je cherche, je réalise

Pour décrire un **mouvement**, il faut d'abord identifier où se situe l'observateur : il sera le point de **référence.**

DOC 1 Le lièvre et la tortue

Je traite des données numériques

Place correctement l'appareil photo (ou la tablette) en mode vidéo pour réaliser les scènes suivantes afin d'observer :
- la voiture avec son conducteur se déplace, le plot est immobile ;
- le plot semble se déplacer, mais pas la voiture.

Matériel
- ✓ des figurines
- ✓ une voiture
- ✓ des plots
- ✓ 1 appareil photo ou une tablette numérique

DOC 2 Changer de référence

En athlétisme, l'épreuve du 100 mètres consiste à parcourir cette distance, avec une **trajectoire** en ligne droite, aussi vite que possible.
Pour les grands champions, la durée de la course est inférieure à 10 secondes. Leur **vitesse** dépasse donc 10 mètres par seconde.
Ci-contre, Usain Bolt, couloir numéro 4, est le grand gagnant de cette course.

DOC 3 L'épreuve du 100 mètres

Activités

- Trouve les personnages en mouvement en prenant comme référence la souris, puis la tortue (**doc. 1**).
- Le personnage dans la voiture est-il en mouvement si la référence est le plot (**doc. 2**) ?
- Indique les points communs et les différences entre la course d'Usain Bolt et celles des autres participants (**doc. 3**).

Je conclus

Pour un observateur sur Terre, explique si le spationaute dans la station spatiale est en mouvement ou non.

VOCABULAIRE

- **un mouvement :** changement de position d'un objet au cours du temps.
- **une référence :** point d'où l'on observe un mouvement.
- **une trajectoire :** positions successives occupées par un objet en mouvement.
- **la vitesse :** rapport de la distance parcourue par un objet sur la durée du parcours.

8 La bonne trajectoire

Je m'interroge

Le patinage artistique est inscrit au programme des premiers Jeux Olympiques d'hiver à Chamonix en 1924. Le patineur peut réaliser de nombreuses figures pour remporter des points auprès des juges. **Et toi, sais-tu comment décrire le mouvement de la patineuse ?**

Je cherche, je réalise

a

b

Pour observer et analyser différents mouvements, on utilise la chronophotographie.

Cette technique consiste à prendre de nombreux clichés photographiques à intervalles de temps réguliers. En superposant les photographies, on arrive à reconstituer la **trajectoire** du mouvement, c'est-à-dire les positions successives occupées par l'objet en mouvement.

c

d

DOC 1 La chronophotographie

Pour observer et décrire différents types de mouvement, je sais distinguer un mouvement rectiligne et circulaire.

e

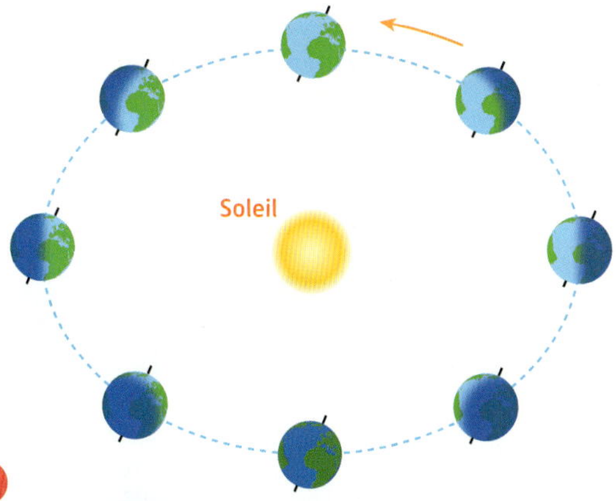

f

Il existe deux types de **trajectoires** simples :

– lorsque la trajectoire dessinée est une ligne droite, on appelle cela un mouvement **rectiligne** ;
– lorsque la trajectoire dessinée est un cercle, on appelle cela un mouvement **circulaire**.

g

DOC 2 Des trajectoires simples

Le madison est une danse dite en ligne, créée dans les années 1960, aux États-Unis.

J'effectue des recherches bibliographiques (et j'apprends à danser le madison !)

À partir d'une recherche, retrouve les pas de cette chorégraphie, puis identifie les mouvements rectilignes et les mouvements circulaires de cette danse.

DOC 3 Apprendre à danser le madison

Activités

- Dessine les différentes trajectoires (**doc. 1**).
- Indique le type de trajectoires pour les images e, f, g (**doc. 2**).

Je conclus

Conclus en expliquant comment décrire la trajectoire d'un mouvement.

VOCABULAIRE

- **un mouvement circulaire** : mouvement dont la trajectoire est un cercle ou un arc de cercle.
- **un mouvement rectiligne** : mouvement dont la trajectoire est une ligne droite.
- **une trajectoire** : positions successives occupées par un objet en mouvement.

9 À vos marques, prêts, partez !

Je m'interroge

Joan et Enzo n'ont pas fait la même course. Clara cherche à savoir qui est le plus rapide entre ces deux camarades de classe. **Et toi, sais-tu comment faire pour connaitre le gagnant ?**

Je cherche, je réalise

Classe de CM1	
Élèves	**Temps pour parcourir 800 mètres**
Lucie	6 min et 32 s
Dylan	7 min et 12 s
Aniss	5 min et 25 s
Enzo	5 min et 4 s
Clara	5 min et 47 s

Classe de CM2	
Élèves	**Distance parcourue en 10 minutes**
Lisa	1 435 mètres
Joan	1 786 mètres
Matteo	2 389 mètres
Abdoul	1 956 mètres
Armelle	2 275 mètres

L'école a organisé une compétition d'athlétisme. Les résultats sont récapitulés dans un tableau pour les classes de CM1 et de CM2. Une vitesse peut se mesurer en mètre par seconde (m/s) ou en kilomètre par heure (km/h).
Pour calculer la vitesse en mètre par seconde d'un objet, il faut calculer combien de mètres l'objet parcourt en une seconde.

DOC 1 **Une compétition à l'école**

Pour observer et décrire différents types de mouvements, je sais distinguer un mouvement accéléré et ralenti.

La vitesse d'un objet peut varier en fonction de son allure :

- si la distance parcourue est identique au cours du temps, alors le **mouvement** est **uniforme**.
- si la distance parcourue diminue au cours du temps, alors le **mouvement** est **ralenti** ;
- si la distance parcourue augmente au cours du temps, alors le **mouvement** est **accéléré** ;

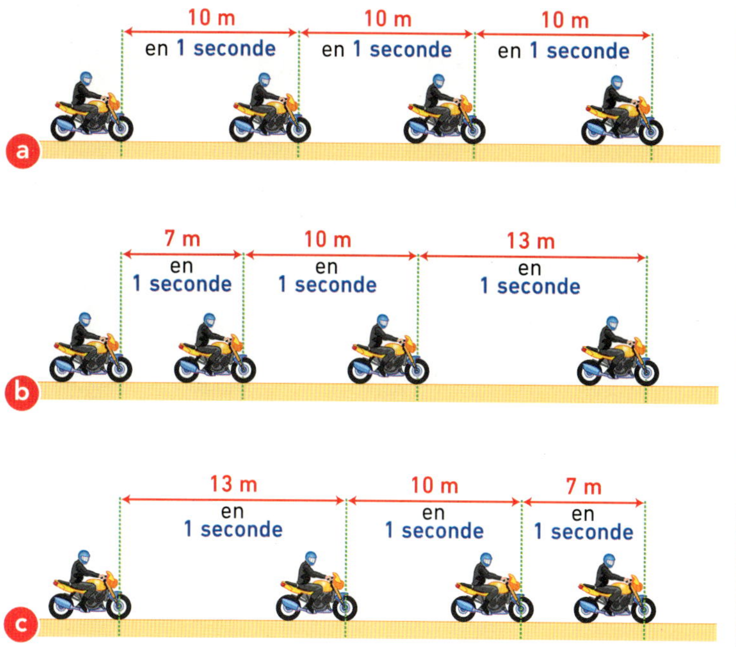

DOC 2 Mouvement accéléré ou ralenti ?

J'utilise des outils mathématiques pour déterminer une vitesse

À l'aide du matériel à disposition, construis un protocole afin de déterminer la vitesse du véhicule sur un mètre.

Matériel

- ✓ un véhicule qui se déplace seul (électrique, friction...)
- ✓ une montre
- ✓ une règle
- ✓ un mètre de bricoleur

DOC 3 Calculer la vitesse d'un véhicule

Activités

- Trouve quel est l'élève le plus rapide en CM1 et en CM2 (**doc. 1**).
- Retrouve les mouvements accéléré et ralenti et uniforme sur les trois chronophotographies (**doc. 2**). Justifie ta réponse.

Je conclus

Explique comment la vitesse d'un objet en mouvement est calculée.

VOCABULAIRE

- **un mouvement accéléré** : mouvement dont la vitesse augmente au cours du temps.
- **un mouvement ralenti** : mouvement dont la vitesse diminue au cours du temps.
- **un mouvement uniforme** : mouvement dont la vitesse reste constante au cours de temps.

Je fais le bilan… par le texte

J'ai découvert :

- Le rôle de l'observateur
- Les notions de trajectoire et de vitesse
- Les variations de vitesse

7 Alors, ça bouge ?

- Si la position d'un objet par rapport à une **référence** extérieure bouge, on dit que cet objet est en mouvement par rapport à cette référence ; sinon, il est **immobile**.
- Quand la référence ou l'observateur se déplace, les objets autour de lui auront un **mouvement apparent**.
- Le mouvement d'un objet ou d'une personne se définit par sa **trajectoire** et sa **vitesse**.

8 La bonne trajectoire

- Quand la trajectoire suivie par un objet en mouvement suit une droite, alors on a un mouvement **rectiligne**.
- En revanche, quand la trajectoire suivie par un objet en mouvement suit un cercle ou un arc de cercle, alors on a un mouvement **circulaire**.

9 À vos marques, prêts, partez !

- La vitesse de déplacement d'un objet se calcule en faisant le rapport entre la distance *d* parcourue par l'objet et le temps *t* mis pour parcourir cette distance ($V = d/t$). Il existe différentes **unités** de mesure pour la vitesse : m/s, km/h.
- Si la vitesse varie au cours du temps, l'objet peut avoir un mouvement **accéléré** ou un mouvement **ralenti**. Lorsqu'un objet se déplace à vitesse constante, alors le mouvement est dit **uniforme**.

Je me suis entraîné à :

- Utiliser un outil numérique pour simuler un mouvement.
- Utiliser les outils mathématiques adaptés pour calculer des vitesses.
- Rendre compte des conclusions en utilisant un vocabulaire précis.
- Exploiter un document constitué de divers supports pour comprendre le mouvement d'un objet.

J'ai utilisé les mots :

- mouvement circulaire/rectiligne
- référence extérieure
- trajectoire
- vitesse

Je fais le bilan... par l'image

La description d'un mouvement

La position de l'observateur

Pour l'enfant,
la voiture est en mouvement.

Pour la conductrice,
l'enfant est en mouvement.

La trajectoire d'un objet

Mouvement rectiligne

Mouvement circulaire

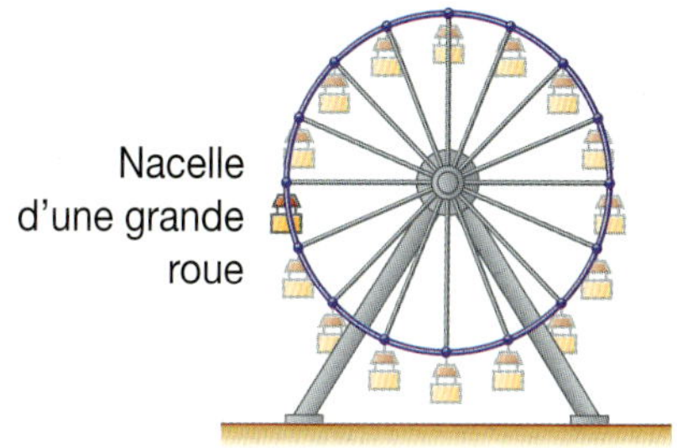

La vitesse d'un objet

Mouvement uniforme : la vitesse est constante.

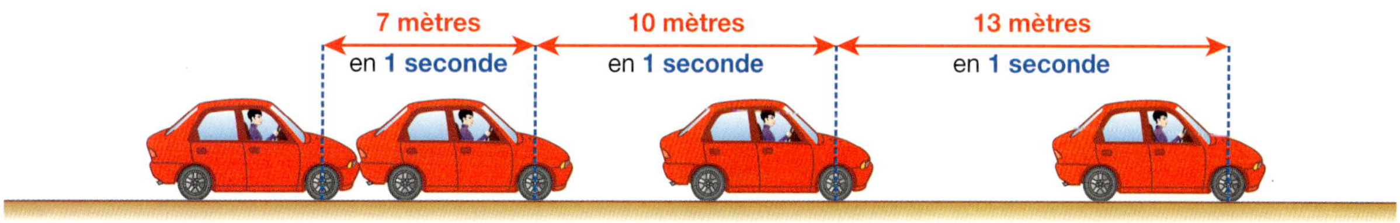

Mouvement accéléré : la vitesse augmente.

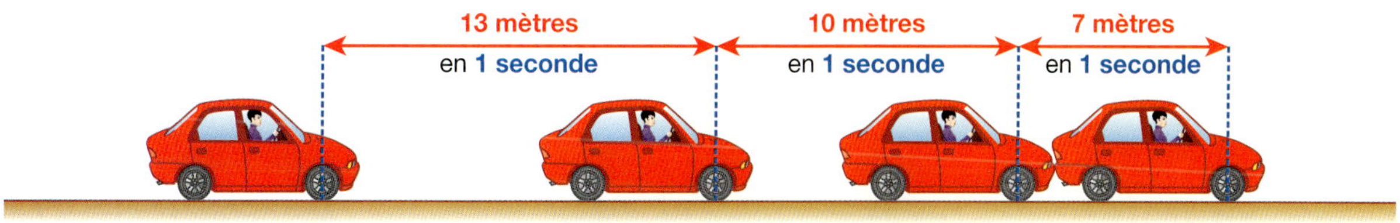

Mouvement ralenti : la vitesse diminue.

10 Une énergie ou des énergies ?

Je m'interroge

Pour éclairer, mettre en mouvement, chauffer… l'énergie est indispensable. **Et toi sais-tu d'où vient l'énergie que nous utilisons ?**

Je cherche, je réalise

Certaines régions de la planète ont un sous-sol riche d'une ou plusieurs **sources d'énergie**, par exemple : le charbon, le pétrole, l'uranium…

D'autres régions sont traversées de cours d'eau ou bénéficient d'un climat très ensoleillé ou venteux. L'exploitation de ces **ressources naturelles** comme sources d'énergie est de plus en plus favorisée.

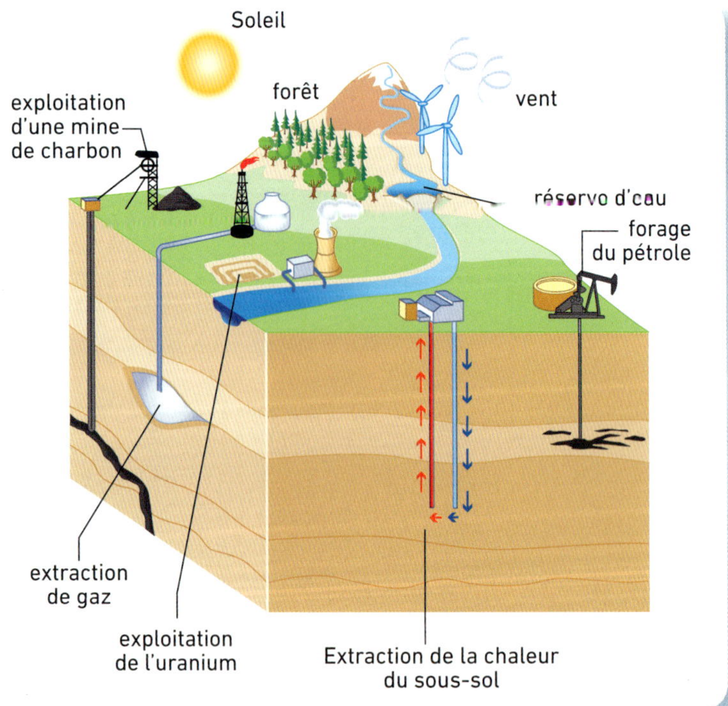

DOC 1 Différentes sources d'énergie

L'énergie électrique est produite par différents procédés, en utilisant diverses **formes d'énergie**.

quelques formes d'énergie

mécanique

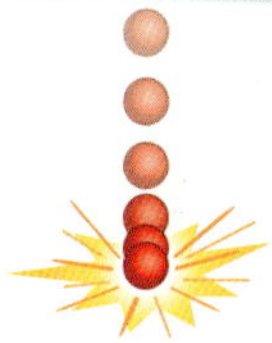

associée au mouvement des objets

thermique

associée à la chaleur

chimique

associée aux organismes vivants et à la matière, provenant des transformations chimiques

nucléaire

contenue à l'intérieur des constituants de la matière

solaire

liée au rayonnement solaire

production de l'énergie électrique

Centrale hydroélectrique

Éoliennes

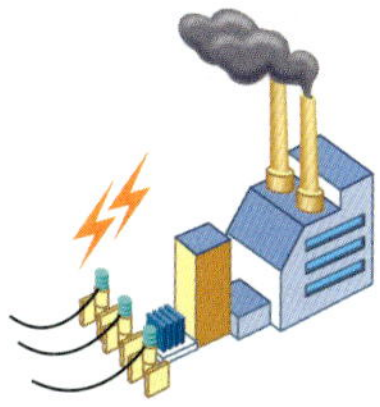

Centrale thermique

Centrale nucléaire

DOC 2 Les formes d'énergie et production d'électricité

Je réalise en équipe un objet technique répondant à un besoin.

À partir du matériel proposé, construis ton moulin à eau. Indique la source d'énergie utilisée pour le faire fonctionner et quelle forme d'énergie est présente.

Matériel

- un bouchon
- deux bouteilles en plastique
- des cuillères en plastique
- un pic à brochettes

DOC 3 Utiliser une source d'énergie pour mettre en mouvement

Activités

- Indique les différentes sources d'énergie présentées (**doc. 1**).
- Explique comment l'électricité peut être produite à partir de l'énergie cinétique et de l'énergie thermique (**doc. 2**).

Je conclus

Cite deux sources et deux formes d'énergie qui permettent la production d'électricité.

VOCABULAIRE

- **une forme d'énergie :** manière dont l'énergie se présente (thermique, mécanique…).
- **une source d'énergie :** la ressource ou phénomène naturels utilisés dans la production d'énergie.

11 Les énergies de demain

Je m'interroge

Le 26 juillet 2016, B. Piccard et A. Borschberg ont terminé le tour du monde avec l'avion solaire « Solar Impulse » sans consommer une goutte de carburant. **Comment ces explorateurs ont-ils réussi leur tour du monde sans faire le plein de carburant ?**

Je cherche, je réalise

Il y a environ 350 millions d'années, lors de la période appelée Carbonifère, les conditions géologiques et climatiques ont permis la formation du **charbon**.

Depuis cette époque, les conditions n'ont pas été réunies pour renouveler le charbon produit à cette période : le charbon est une source d'énergie **fossile**, elle n'est pas **renouvelable**.

DOC 1 La forêt originelle de Mare Longue, Saint-Philippe de La Réunion, - 350 millions d'années

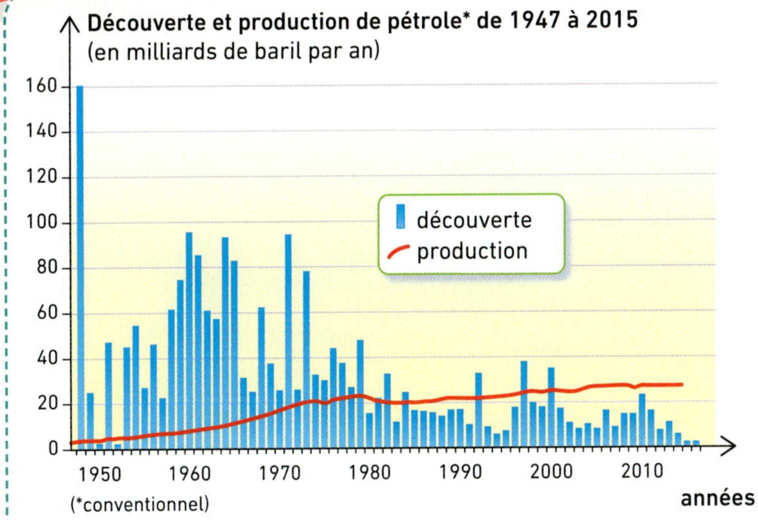

Même si l'on découvre encore aujourd'hui de nouveaux gisements de pétrole, les réserves mondiales ne cessent de diminuer et ne sont pas inépuisables.

L'homme consomme de plus en plus de pétrole et en découvre de moins en moins.

DOC 2 Les découvertes de gisements de pétrole de 1947 à 2015

Matériel

- ✓ deux fils électriques
- ✓ un alternateur électrique
- ✓ une hélice
- ✓ une led

Le vent entraine les pâles et l'alternateur contenu dans le moteur. L'alternateur transforme l'énergie liée au mouvement en énergie électrique.

DOC 3 Construire une éolienne

Activités

- À partir des documents, recherche les énergies fossiles et les énergies renouvelables. Justifie ta réponse.
- Dans le montage du **doc. 3**, explique pourquoi la lampe s'allume uniquement si l'hélice tourne.

Je conclus

Justifie pourquoi l'énergie solaire est qualifiée d'énergie renouvelable, contrairement au charbon ou au pétrole.

VOCABULAIRE

- **le charbon :** roche formée à partir de la dégradation des végétaux.
- **l'énergie fossile :** qualifie les matières issues de la dégradation des végétaux et des animaux sur une période très longue.
- **renouvelable :** qualifie une énergie qui peut se reconstituer naturellement et assez rapidement.

12 Économisons l'énergie en famille

Je m'interroge

Il existe de nombreux moyens de faire des économies d'énergie dans son habitation.
Et toi, comment aiderais-tu Enzo et sa famille à faire des économies d'énergie ?

Je cherche, je réalise

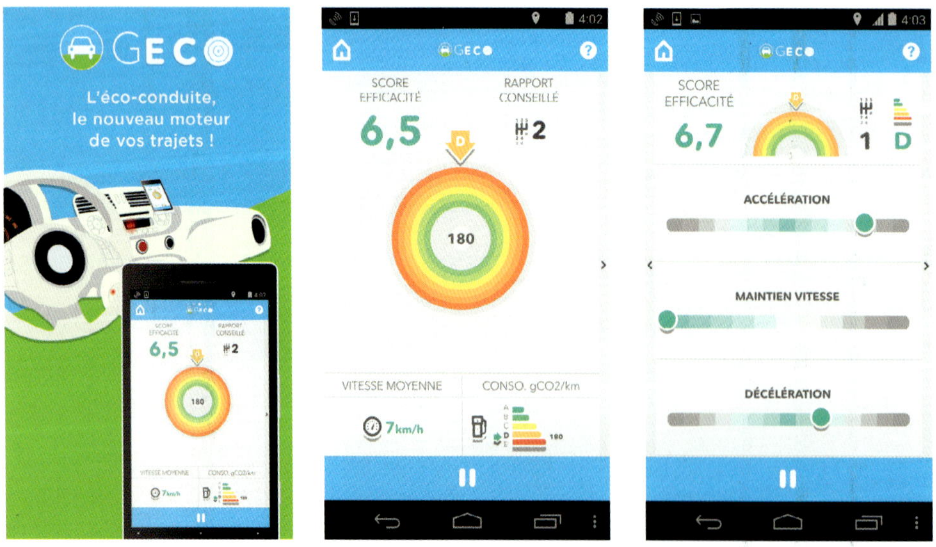

Grâce aux améliorations techniques, les voitures sont de plus en plus économes en carburant. Mais la façon d'utiliser le véhicule a aussi un impact sur la consommation de carburant. En consommant moins, on dépense moins et on émet aussi moins de gaz polluants. L'utilisation d'une application dédiée favorise cette conduite **écoresponsable**.

DOC 1 Une application pour smartphone bien utile

Afin de limiter les **déperditions** de chaleur, le père d'Enzo a décidé de mieux isoler sa maison. L'**isolation thermique** d'une maison permet de garder la chaleur à l'intérieur.

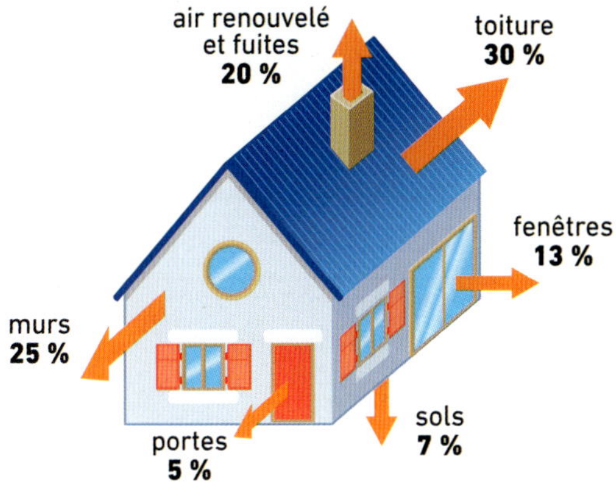

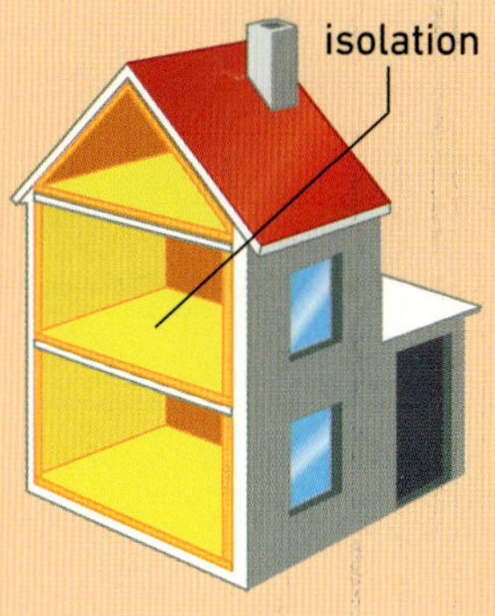

	Maison sans isolation thermique	Maison avec isolation thermique
Consommation d'énergie liée au chauffage par an (Kwh/an)	38 760	20 540

DOC 2 Les pertes d'énergie thermique d'une maison

Je propose une ou des hypothèses pour répondre à une question

SOCLE

Compare les deux factures d'électricité.

Quelles hypothèses peux-tu émettre pour expliquer la différence ?

Vérifie tes hypothèses à l'aide d'une recherche sur les écogestes.

Enzo et Clara habitent la même rue, dans des maisons de même taille.

M. ENZO
3 rue Bordas
75 000 Paris

Votre facture du 05/03/2018
N° 17 000 432 345

Période du 06/01/2018 au 05/03/2018 — Détails au verso

Electricité «Tarif bleu »	74,61 €	Total TTC
Gaz naturel «Mon Gaz Naturel»	XX,XX €	74,61 €
Total Hors TVA	63,66 €	Prélevé le 20/03/2018
TVA	10,95 €	

Mme CLARA
4 rue Bordas
75 000 Paris

Votre facture du 05/03/2018
N° 17 000 432 455

Période du 06/01/2018 au 05/03/2018 — Détails au verso

Electricité «Tarif bleu »	92,45 €	Total TTC
Gaz naturel «Mon Gaz Naturel»	XX,XX €	92,45 €
Total Hors TVA	78,88 €	Prélevé le 20/03/2018
TVA	13,57 €	

DOC 3 Comparer deux factures d'électricité

Activités

- Cite un geste d'éco-conduite (**doc. 1**).
- Explique pourquoi l'isolation thermique permet de limiter la consommation d'énergie (**doc. 2**).

Je conclus

Relève les éléments sur lesquels chacun de nous peut agir pour effectuer des économies d'énergie.

VOCABULAIRE

- **écoresponsable** : qui agit en respectant la nature et l'environnement.
- **un isolant thermique** : matériau qui empêche le froid ou le chaud de s'échapper.

Je fais le bilan... par le texte

J'ai découvert :

- Les sources et les formes d'énergie
- Les sources d'énergie renouvelables et non renouvelables
- Les économies d'énergie

10 Une énergie ou des énergies ?

- L'énergie est utilisée pour répondre aux **besoins** des êtres humains comme se chauffer, s'éclairer, se déplacer...
- L'énergie que nous utilisons est issue de **sources d'énergie** (ressources énergétiques) naturelles, renouvelables ou non.
- La **forme** d'énergie est la manière dont l'énergie se présente.
  Elle existe sous différentes formes : énergie thermique, énergie électrique...

11 Les énergies de demain

Une source d'énergie est dite **renouvelable** lorsqu'elle peut se reconstituer naturellement et rapidement (exemples : l'eau, le vent, le Soleil). Alors que les sources d'énergie **non renouvelables (ou fossiles)** sont souvent issues des sols et sous-sols, et sont épuisables dans un temps proche (échelle humaine).

12 Économisons l'énergie en famille

- Chacun d'entre nous peut faire des **économies d'énergie** : nous devons agir en citoyen **écoresponsable**.
- Consommer moins ou consommer mieux permet de faire des **économies d'énergie**.
- L'**isolation thermique** permet d'économiser l'énergie en réduisant les déperditions et en limitant la consommation d'énergie.

Je me suis entraîné à :

- Effectuer des recherches et décrire le fonctionnement des objets techniques.
- Réaliser un objet technique répondant à un besoin, utilisant des formes d'énergie variées.
- Extraire les informations pertinentes d'un document pour distinguer sources et formes d'énergie.
- Mettre en œuvre une action responsable et citoyenne pour économiser de l'énergie.

J'ai utilisé les mots :

- économie
- écoresponsable
- forme d'énergie
- isolant thermique
- renouvelable
- source d'énergie

Je fais le bilan... par l'image

Des énergies pour répondre aux besoins de l'homme

LES BESOINS EN ÉNERGIE

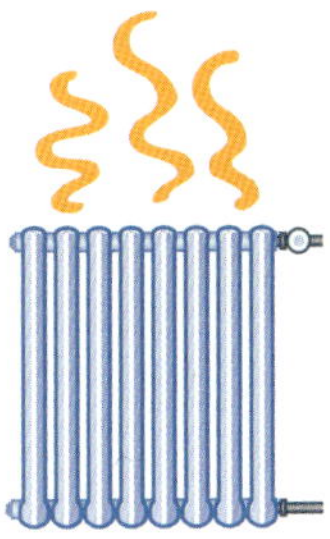
Chauffer

Éclairer

Produire de l'électricité

Mettre en mouvement

PRODUIRE DE L'ÉNERGIE

à partir de sources d'énergie → **pour avoir des formes d'énergie variées**

non renouvelables

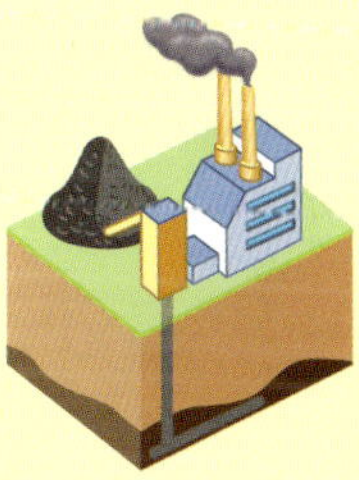
uranium, gaz, pétrole, charbon...

renouvelables

soleil, vent, marée...

thermique

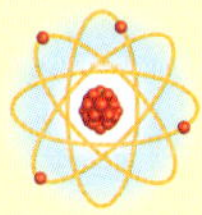
nucléaire

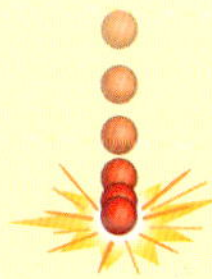
mécanique

solaire 

chimique 

ÉCONOMISER L'ÉNERGIE

Utiliser les énergies renouvelables

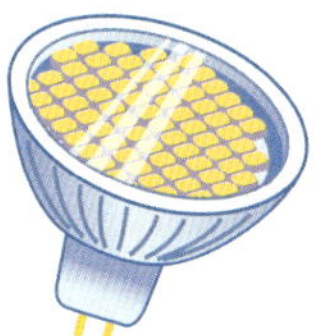
Diminuer l'énergie utilisée

Réduire les pertes (isolation)

13 Des signaux pour communiquer

Je m'interroge

Les Indiens d'Amérique utilisaient les nuages de fumée pour communiquer avec les autres tribus. **Et toi, quels sont les signaux que tu connais pour communiquer ?**

Je cherche, je réalise

Les **organes des sens** (vue, gout, odorat, toucher, ouïe) sont des **récepteurs** qui nous permettent de capter les **signaux** émis et de les transmettre pour être analysés par le cerveau.

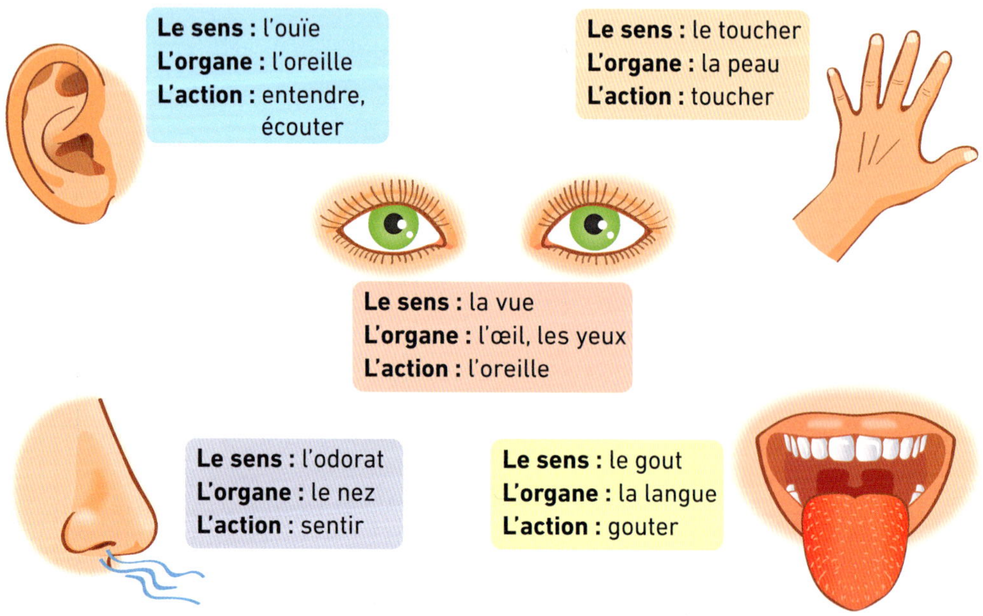

DOC 1 Les organes des sens

Lorsque les pompiers ou la police se déplacent en urgence, ils utilisent deux types de signaux : un signal sonore (la sirène deux tons) et un signal lumineux (les feux tournants ou gyrophares).

Il est facile de distinguer les deux sirènes : les notes jouées ne sont pas les mêmes. Chaque signal permet de transmettre une ou plusieurs informations : le camion de pompiers est un véhicule prioritaire !

DOC 2 Un signal, une information

Il existe des signaux invisibles à l'œil nu. Par exemple, à la maison, certains appareils communiquent entre eux sans que l'on puisse le voir ou l'entendre. Ces appareils utilisent les signaux radio ou électriques.

DOC 3 Les objets connectés

Je mets en œuvre une action citoyenne

Une partie de la population avec un handicap ne peut pas recevoir le type de signal présenté ci-contre.

Propose une amélioration afin que l'information soit reçue par tout le monde.

DOC 4 Rendre accessibles les feux bicolores à tous

Activités

- Identifie l'émetteur et le récepteur du signal (**doc. 2**).
- Explique comment est transmise et reçue l'information « Attention ! Véhicule prioritaire » par les véhicules des pompiers (**doc. 1** et **doc. 2**).
- Indique le type de signal utilisé (**doc. 3**).

Je conclus

Liste les signaux utilisés dans cette page pour communiquer dans la vie courante.

VOCABULAIRE

- **un émetteur :** objet ou personne qui délivre un signal.
- **une information :** renseignement qu'on souhaite transmettre.
- **un récepteur :** objet ou personne qui reçoit un signal.
- **un signal :** grandeur physique qui permet de transporter une information.

14 Des modes de communication

Je m'interroge

Les animaux n'utilisent pas les mêmes modes de communication que l'être humain.
Et toi, sais-tu comment les animaux émettent des signaux pour communiquer ?

Je cherche, je réalise

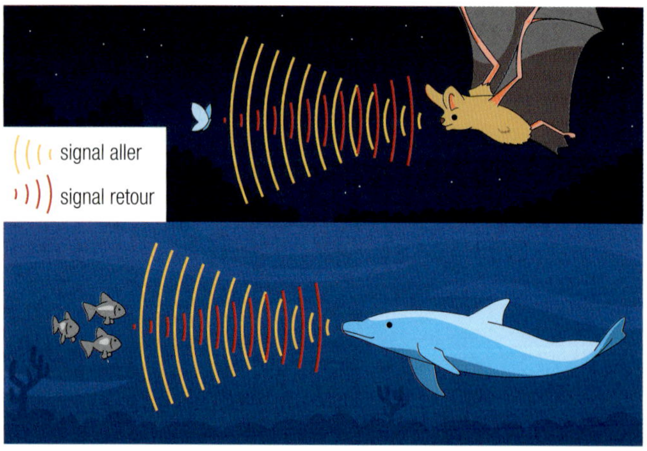

Certains animaux comme les chauves-souris ou les dauphins utilisent leurs sens pour se diriger et repérer les obstacles. L'animal émet un signal qui se propage et, une fois qu'il rencontre un obstacle ou une proie, le signal revient. L'animal peut estimer la distance grâce au temps que met le signal à revenir.

Ce mode de communication est appelé : **l'écholocalisation**.

DOC 1 L'écholocalisation

Certains animaux comme les dauphins et les éléphants entendent et émettent des sons que les humains ne peuvent pas entendre, appelés **ultrasons**. Pour communiquer avec eux, on peut utiliser des sifflets qui émettent ces ultrasons.

DOC 2 Des signaux imperceptibles

Pour identifier un signal et une information, je connais les différents modes de communication.

On peut voir et entendre nos animaux de compagnie et savoir assez facilement s'ils sont plutôt contents ou pas. En revanche, les signaux **olfactifs** (chimiques) ne sont pas tous détectables pour l'homme. Pourtant, ils sont très utilisés par les animaux pour communiquer entre eux.

Signaux visuels	Signaux auditifs	Signaux tactiles	Signaux olfactifs (chimiques)
Le paon fait la roue pour séduire sa compagne.	La baleine mâle utilise des chants pour communiquer avec sa femelle.	Les chiens se lèchent entre eux pour communiquer.	Les putois utilisent leur odeur pour faire fuir les prédateurs.
Les lucioles brillent pour attirer les mâles.	Les loups hurlent pour communiquer entre eux.	Les singes sont très **tactiles** pour montrer leur affection.	Les chats se frottent sur les objets pour y laisser leur odeur et marquer leur territoire.

DOC 3 La communication animale

En communauté, il est nécessaire d'établir des règles afin que les droits de chacun soient respectés.
À l'école, il y a un règlement intérieur qui explicite les droits et les devoirs de chacun pour ne pas gêner les autres.

Je mets en œuvre une action responsable et citoyenne en classe

SOCLE

Fais une liste la plus complète possible de ces moyens de communication.

En classe, il existe des moyens de communication et des règles à respecter pour ne pas gêner ses camarades.

DOC 4 Communiquer en classe

Activités

- Indique le type de signal utilisé par les dauphins (**doc. 1** et **doc. 2**).
- Retrouve les signaux également utilisés par l'homme (**doc. 3**).

Je conclus

Trouve et liste les différents modes de communication utilisés par les animaux pour communiquer.

VOCABULAIRE

- **olfactif** : en rapport avec l'odorat.
- **tactile** : en rapport avec le toucher.

15 Sésame, ouvre-toi

Je m'interroge

Les capteurs des portes automatiques détectent la variation de l'intensité lumineuse. En fonction, les portes s'ouvrent ou non. **Mais comment cela fonctionne-t-il exactement ?**

Je cherche, je réalise

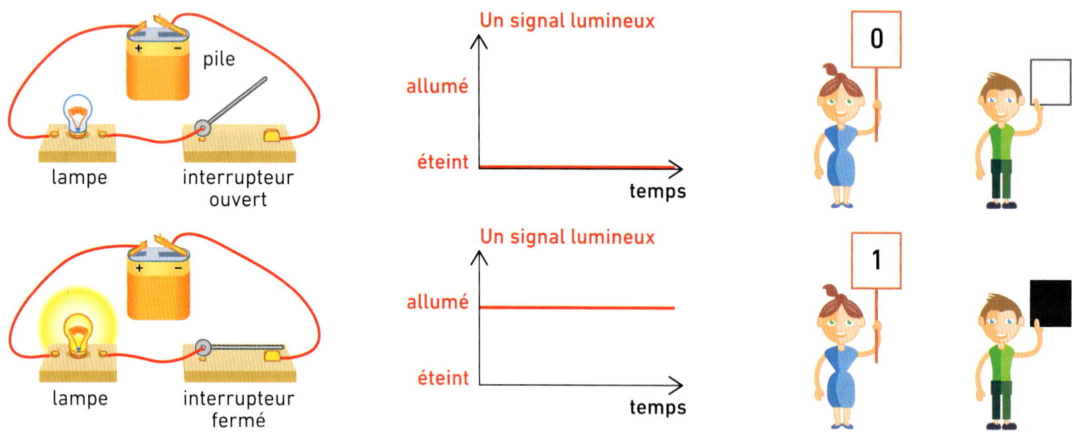

Le signal est simple lorsqu'il présente deux états : émis/absent ; fort/faible ; rouge/vert…

On peut traiter simplement un signal en le codant par les chiffre 0 et 1 ; c'est un **codage binaire**.

Les élèves observent le signal et attribuent la valeur 1 lorsque le signal est émis (il est visible) et la valeur 0 lorsque le signal n'est pas émis.

Dans l'exemple ci-dessus, on peut traduire l'action par l'**algorithme** suivant : si le signal est émis, la donnée vaut 1 alors je colorie la case en noir.

DOC 1 Le codage binaire, un codage simple

Le code Morse a été inventé en 1832 et a permis de transmettre de nombreux messages dans le monde.

Pour coder un message, on utilise une succession de signaux. Le signal peut prendre deux états : une impulsion courte codée par un • et une impulsion longue codé par un – .

Pour obtenir l'information, ces données devront être traitées.

Le plus connu est le signal de détresse : SOS : ... --- ...

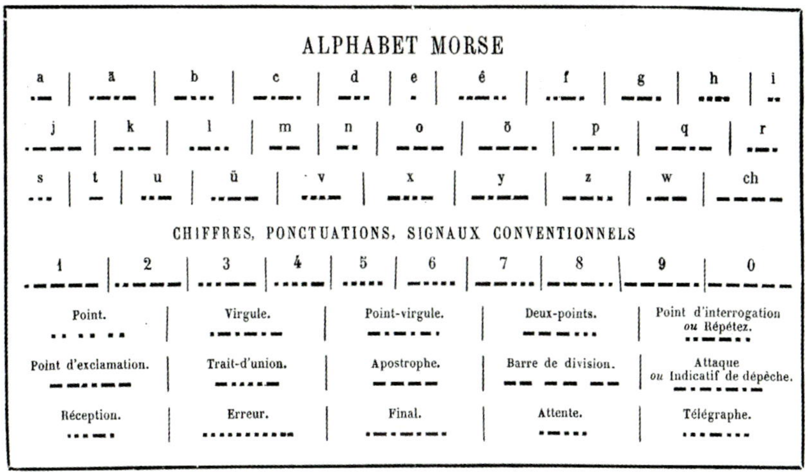

DOC 2 Le code Morse international

Je repère et comprends les modes de communication

À l'aide de la table de correspondance, code le message de ton choix puis communique-le à un camarade. Tu recevras à ton tour, une réponse qu'il faudra décoder.

Caractère	A	B	C	D	E	F	G	H
Nombre	01	02	03	04	05	06	07	08

Caractère	I	J	K	L	M	N	O	P
Nombre	09	10	11	12	13	14	15	16

Caractère	Q	R	S	T	U	V	W	X
Nombre	17	18	19	20	21	22	23	24

Caractère	Y	Z	.	Espace
Nombre	25	26	27	28

DOC 3 Coder et décoder un message secret

Activités

- Écris l'algorithme correspondant à l'état éteint de la télévision (**doc. 1**).
- Justifie que le Morse est un langage binaire (**doc. 2**).
- Code le message « J'aime les Sciences » (**doc. 2** et **doc. 3**).

Je conclus

Traduis l'algorithme de la porte automatique sous la forme d'une phrase.

VOCABULAIRE

- **un algorithme :** suite chronologique d'instructions.
- **un codage binaire :** codage d'un signal qui ne peut avoir que deux positions (0/1).
- **coder :** transcrire un message en utilisant les règles d'un code.

Je fais le bilan... par le texte

J'ai découvert :

- Les différentes formes des signaux
- Les modes de communication
- Le codage d'une information

13 Des signaux pour communiquer

- Pour communiquer, les êtres vivants et les objets techniques émettent et recoivent des signaux. Il existe de nombreuses formes de **signaux** : les signaux sonores, lumineux...
- Le signal permet de transporter une information. Les signaux sont détectés par des capteurs naturels ou techniques.
- Pour capter un signal, l'homme peut utiliser ses cinq sens (l'odorat, le gout, le toucher, l'ouïe et la vue) : ce sont des **récepteurs**.

14 Des modes de communication

- Pour communiquer, les animaux émettent et reçoivent également des signaux.
- Les signaux émis peuvent visuels, auditifs, tactiles et chimiques.
- Certains signaux ne sont pas toujours perceptibles par les organes des **sens** de l'être humain.

15 Sésame, ouvre-toi

- Il est possible également de communiquer avec des objets techniques qui possèdent des **émetteurs** et des **capteurs**. Lorsque le signal et l'information qu'il transporte ne peuvent prendre que deux valeurs (allumé/éteint, fermé/ouvert), on dit que l'**information** est **binaire**.
- Le code Morse est un langage international qui permet de communiquer en utilisant autre chose que l'alphabet traditionnel.

Je me suis entraîné à :

- Mener des recherches ciblées pour identifier les émetteurs et les récepteurs d'un signal.
- Extraire des informations pertinentes d'un document et les mettre en relation pour identifier des signaux.
- Utiliser des modes de représentation formalisés pour réaliser un codage.

J'ai utilisé les mots :

- codage
- information
- émetteur
- récepteur
- signal

Je fais le bilan... par l'image

Des signaux pour communiquer

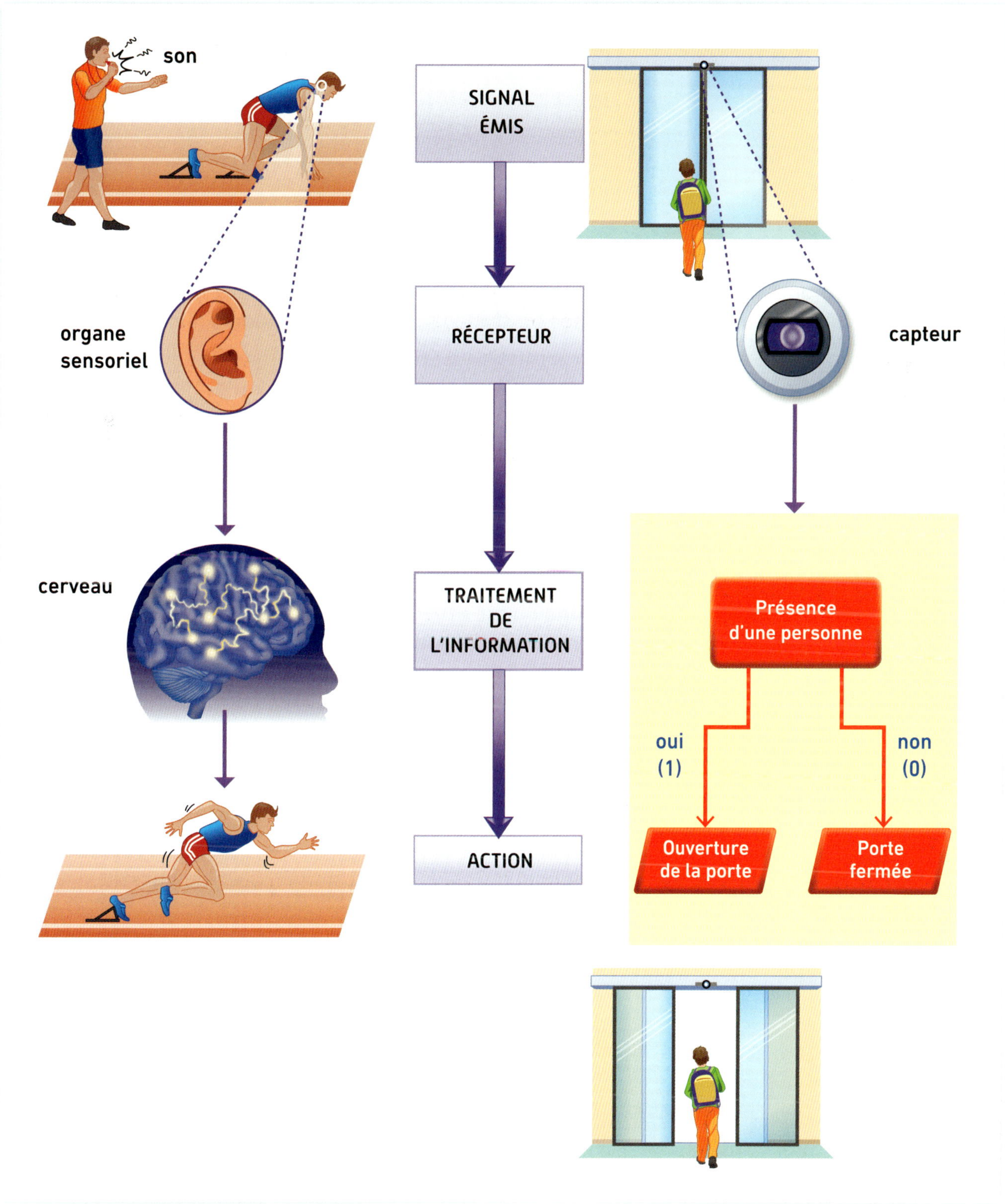

Construisons un four solaire

Le grand four solaire d'Odeillo est situé dans la commune de Font Romeu (Pyrénées-Orientales). La température du foyer peut atteindre 3 500 °C.

Comment ça fonctionne ?

Les rayons du Soleil se reflètent sur les miroirs inclinés (héliostats) ①. Ils sont orientés de façon à ce que tous les rayons soient réfléchis et convergent vers le miroir parabolique ②. Ce dernier permet ensuite aux rayons de se centrer sur un seul point, le foyer, où la température est la plus élevée ③.

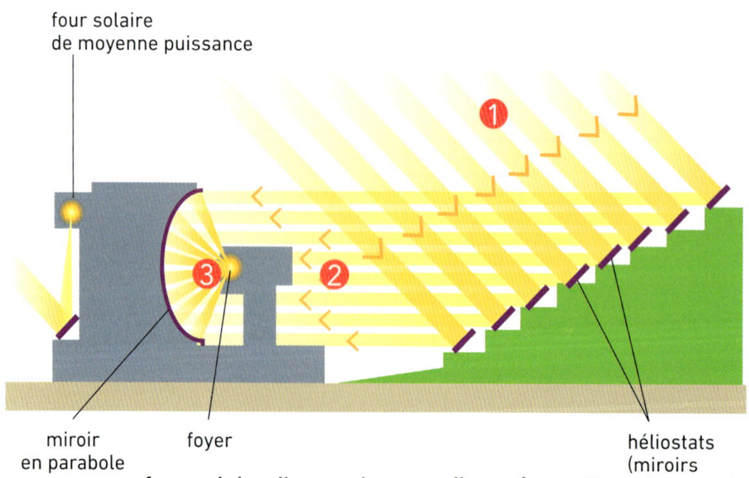

four solaire d'une puissance d'un mégawatt

Construis ton four solaire

- Découpe 4 rectangles de polystyrène (24 cm × 19 cm).
- Découpe un carré de polystyrène (25 cm × 25 cm).
- Recouvre les planches de papiers aluminium.
- Couvre l'intérieur de la boite avec les différents morceaux.
- Dépose une plaque de verre ou de plexiglas sur la boite.
- Découpe dans du carton 4 trapèzes de dimensions : b = 25 cm, B = 50 cm et h = 31 cm (voir figure ci-contre).

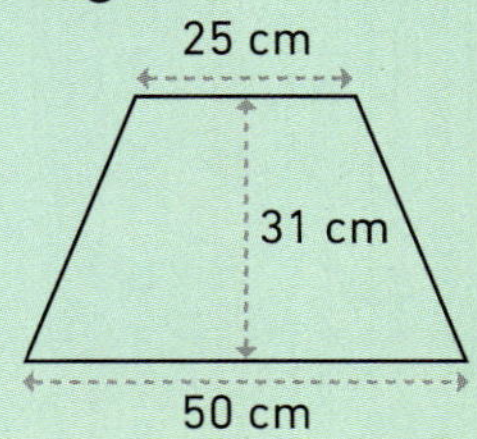

- Recouvre un des côtés avec le papier aluminium.
- Assemble les 4 morceaux de façon à ce que le papier aluminium soit à l'intérieur.

Matériel

- Une boite en carton à base carrée de 25 cm de côté pour 20 cm de hauteur
- Du polystyrène de 1 cm d'épaisseur
- Du plexiglas ou du verre
- Du papier aluminium
- Du carton
- Un thermomètre

Teste ton four !

Un jour de grand soleil, teste ton four dans un lieu exposé à la lumière.

- Choisis un faitout en métal ou en verre qui entre dans ta boite.
- Verse un verre de riz et un verre et demi d'eau salée.
- Couvre le faitout avec son couvercle.
- Installe le faitout dans le four.
- Sois patient, surveille la cuisson…
- Une noix de beurre ou de la sauce tomate : le tour est joué ! Bon appétit !

De combien de temps as-tu eu besoin pour cuire ton riz ?

Projet 2

Réalisons un bateau écolo !

L'Energy Observer est un navire fonctionnant grâce aux énergies renouvelables. C'est l'ambassadeur de la transition énergétique : il fait le tour du monde.

Sur la trace des bateaux

Depuis plusieurs milliers d'années, les hommes ont construit des bateaux afin de se déplacer sur les océans, mers ou rivières.

- **Quelles sont les contraintes auxquelles ton bateau doit faire face ?**
- **Quelles sont les formes possibles de bateaux ?**
- **Quels sont les matériaux recyclés que tu peux utiliser ?**
- **Pourquoi est-il préférable d'utiliser des matériaux recyclés ?**

Chantier naval – Égypte antique

Construction d'une pirogue iroquoise (XVe siècle)

De l'énergie pour avancer

Pour pouvoir se déplacer, le bateau a besoin d'énergie.
La structure d'un bateau va dépendre du type d'énergie choisie.

- **Quelles sont les énergies possibles pour faire avancer ton bateau ? Choisis-en une.**
- **Quelle partie du bateau va permettre de convertir cette énergie en énergie de mouvement ?**
- **Quel aspect va avoir ton bateau ? Réalise un schéma.**

Vogue, matelot !

- Après avoir choisi les matériaux à recycler dont voici quelques exemples, réalise quelques tests de flottaison : il ne faut pas que ton bateau coule !
- Réalise ton bateau en tenant compte de ton schéma.
- Teste ton bateau sur l'eau.

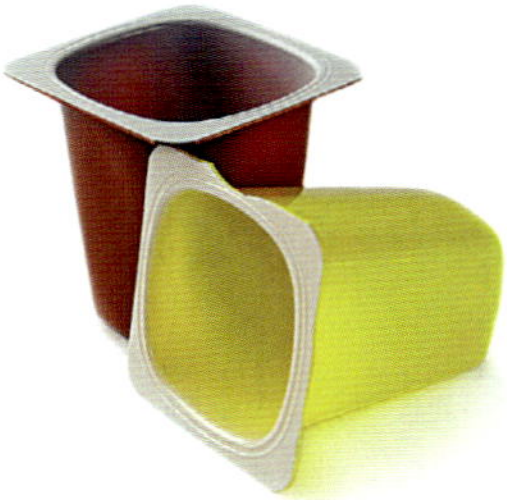

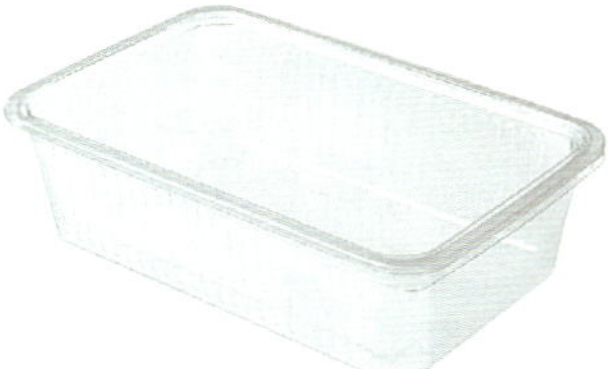

THÈME 2

Le vivant, sa diversité et les fonctions qui le caractérisent

16 Qui se ressemble ne s'assemble pas toujours

Je m'interroge

La terre abrite une très grande diversité d'espèces animales et végétales ; c'est la **biodiversité**.
Et toi, sais-tu comment reconnaitre une espèce ?

Je cherche, je réalise

Dans notre environnement, il est facile d'observer de nombreux organismes vivants différents (animaux, végétaux, champignons...).

Pour faciliter le travail d'observation de la biodiversité, les scientifiques ont eu besoin d'utiliser le mot **espèce**, pour regrouper (rassembler) des organismes vivants qui se ressemblent et surtout qui peuvent se reproduire entre eux.

DOC 1 Qu'est-ce qu'une espèce ?

J'utilise différents modes de représentations formalisés

En utilisant la clé de détermination ci-contre, donne un nom à l'oiseau ci-dessous.

- Plumage marron clair et cou orange → Rouge-gorge
- Plumage marron et dos marron
  - Tête grise → Moineau domestique
  - Tête marron et tache noire sur joue blanche → Moineau friquet
- Plumage coloré et ventre jaune
  - Tête noire → Mésange charbonnière
  - Dessus de la tête bleu, trait noir au niveau des yeux → Mésange bleue

Rouge-gorge

Moineau domestique

Moineau friquet

Mésange charbonnière

Mésange bleue

Une **clé de détermination** permet d'identifier un organisme vivant, c'est-à-dire de trouver l'espèce à laquelle il appartient. La clé ci-contre permet d'identifier les différentes espèces d'oiseaux courants de nos jardins.

DOC 2 Nommer un être vivant à l'aide d'une clé de détermination

Au sein de la même espèce, il y a une très grande diversité, sinon tous les individus se ressembleraient !

Par exemple, chez un être humain, la taille, la forme du visage, la couleur des yeux, de la peau, la forme des mains possèdent des différences qui font que chacun est **unique**.

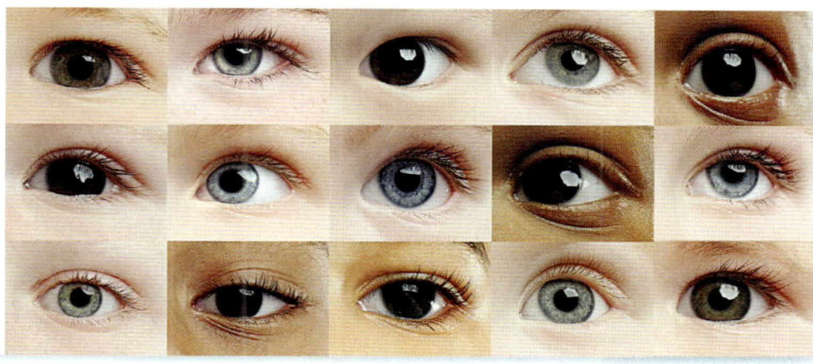

DOC 3 La biodiversité de mes camarades de classe

Activités

- Indique le nombre d'espèces présentées sur les **doc 1** et **3**. Justifie ta réponse.
- À l'aide du **doc. 2**, identifie les oiseaux présentés par Clara à Enzo.

Je conclus

Enzo avait-il raison ? Explique à Clara et Enzo ce qu'est une espèce.

VOCABULAIRE

- **la biodiversité :** c'est la variété des êtres vivants sur Terre, mais également la variété des espèces et des milieux de vie.
- **une espèce :** ensemble des êtres vivants qui se ressemblent et qui peuvent se reproduire entre eux.

17 Le scorpion et l'araignée : un air de famille ?

Je m'interroge

Classer les êtres vivants permet d'organiser et de comprendre le monde qui nous entoure.
Et toi, sais-tu comment classer scientifiquement le monde du vivant ?

Je cherche, je réalise

Lors d'une sortie autour de l'école, on peut observer différents êtres vivants. Si on veut les **classer** comme les scientifiques, il faut d'abord les décrire précisément en faisant la liste des **caractères** qu'ils possèdent.

● un merle noir

Exemple de caractères

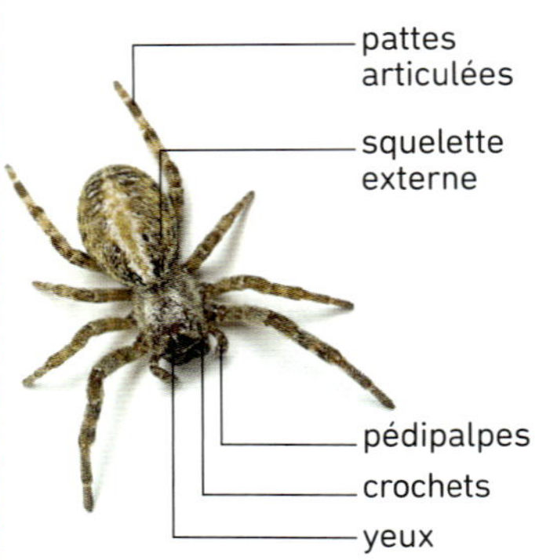

● une araignée

● une punaise

● un rouge-gorge

● un chat

● une petite fille

DOC 1 Les caractères des êtres vivants observés autour de l'école

Pour classer les organismes vivants et comprendre leur évolution, je sais utiliser différents critères et identifier les liens de parenté.

Je rends compte de mes observations en utilisant un vocabulaire précis

Avec le matériel proposé, construis la classification des êtres vivants que tu as observés. Pour cela il faut mettre dans le même **groupe**, les organismes qui ont des points communs.

	Yeux	Bouche	Squelette interne (os)	Squelette externe	Poils	Plumes
Chat	X	X	X		X	
Punaise	X	X		X		
Rouge-gorge	X	X	X			X
Merle	X	X	X			X
Petite fille	X	X	X		X	
Araignée	X	X		X		

DOC 2 Classer les animaux observés à l'école

● un scorpion

● un homard

Dans la classification scientifique, le scorpion est regroupé avec l'araignée : ce qui veut dire que le scorpion est plus proche de l'araignée que du homard. Cela nous apprend que l'**ancêtre commun** de ces deux organismes est plus récent que celui qui relie le homard, le scorpion et l'araignée.

DOC 3 La place du scorpion et du homard dans la classification

Activités

- Reproduis le tableau (**doc. 2**) en ajoutant les colonnes : 4 paires de pattes articulées, 5 paires de pattes articulées et les lignes scorpion et homard.
- Réalise une classification emboitée en prenant comme organismes vivants : scorpion, araignée, homard et le chat.

Je conclus

Explique à Enzo pourquoi le scorpion est regroupé avec l'araignée.

VOCABULAIRE

- **un caractère :** élément précis d'un être vivant (poils, plumes...) utilisé pour regrouper les organismes dans la classification scientifique.
- **un groupe :** ensemble d'êtres vivants qui partagent les mêmes caractères.

18 Nous vivons avec des dinosaures !

Je m'interroge

Le paléontologue est un scientifique qui recherche et étudie les fossiles.
Qu'est-ce qu'un fossile et comment peut-il nous renseigner sur l'histoire de la vie ?

Je cherche, je réalise

• **pas de dinosaure**

• **empreinte de fougère**

• **œufs de dinosaures fossilisés**

• **dinosaure qui vivait il y a environ 75 000 000 d'années.**

L'étude des **fossiles** retrouvés dans certaines roches permet d'obtenir des informations sur les êtres vivants qui ont existé dans le passé (forme, mode de vie, date à laquelle ils vivaient…).

DOC 1 Des témoins de l'histoire de la Vie sur la Terre

Pour classer les organismes et expliquer leur évolution, j'identifie des liens de parenté entre des organismes.

J'utilise du matériel adapté pour réaliser une expérience

À partir du matériel proposé, tente de fabriquer des fossiles.

Matériel

- ✓ du plâtre
- ✓ de la pâte à modeler
- ✓ de l'eau
- ✓ du sable
- ✓ une fougère
- ✓ des coquillages
- ✓ des coquilles

On cherche à comprendre comment se sont formés les fossiles d'organismes vivants ayant vécu il y a très longtemps.

● fossiles d'animaux et de végétaux

DOC 2 Modéliser un fossile

La classification scientifique regroupe les organismes qui partagent le plus de **caractères communs**. Le caractère « trois orteils porteurs vers l'avant » est celui des théropodes. Ce groupe fait partie des dinosaures.

DOC 3 Une classification qui montre des liens de parenté

Activités

- Classe les fossiles des **doc. 1** et **2** en deux catégories : restes et empreintes d'organismes vivants.
- Replace le mammouth à poils laineux dans la classification (**doc. 3**).

Je conclus

Explique à Clara pourquoi la comparaison entre des fossiles et les espèces actuelles permet de dire que les oiseaux sont des dinosaures.

VOCABULAIRE

● **un fossile** : trace ou reste d'organismes vivants (animaux, végétaux…) que l'on trouve dans certaines roches.

19 Des requins dans les champs !

Je m'interroge

Dans notre environnement, on peut retrouver des fossiles, traces ou restes d'êtres vivants ayant existés. Ces indices nous donnent des informations sur les milieux de vie et les êtres vivants qui ont peuplé la Terre au cours du temps.
Et toi, sais-tu si les êtres vivants ont toujours été les mêmes au cours des temps ?

Je cherche, je réalise

Des fougères, des libellules géantes et des petits **tétrapodes** : cet **environnement** montre les êtres vivants animaux et végétaux qui peuplaient la Terre bien avant les dinosaures !

DOC 1 Une représentation de la Terre il y a environ 300 000 000 d'années

Sur cette illustration, on peut voir trois espèces aujourd'hui disparues : une **ammonite** qui se fait manger par le prognathodon, et l'élasmosaure avec son long cou. Les deux reptiles géants pouvaient atteindre une dizaine de mètres.

DOC 2 Une représentation de la Terre il y a 80 000 000 ans

En plus des fossiles, nous avons, pour les périodes plus récentes, des indices laissés par les êtres humains. Dans la **grotte de Rouffignac** par exemple, on peut observer des gravures et des dessins d'animaux datés d'au moins 13 000 ans.

J'effectue des recherches bibliographiques

À partir de recherches documentaires ou de visites de sites archéologiques, réalise un dessin qui présente l'environnement de nos ancêtres il y a environ 13 000 ans.

Pour t'aider dans tes recherches, voici quelques questions :
- Quel était le climat à cette période ?
- Quels animaux pouvait-on trouver ?
- Quels végétaux pouvait-on trouver ?

DOC 3 Rechercher des témoignages du passé

Activités

- Compare les êtres vivants présents aux deux époques représentées **doc. 1** et **2**.
- Trouve avec quels animaux actuels les animaux dessinés dans la grotte partagent des ressemblances (**doc. 3**).

Je conclus

Explique à Enzo pourquoi il est possible de trouver une dent de requin dans un champ.

VOCABULAIRE

- **un environnement :** c'est tout ce qui nous entoure, les animaux, les végétaux, les paysages…
- **les tétrapodes :** animaux qui possèdent des vertèbres et quatre membres.

20 On ne descend pas du singe, on est des singes !

Je m'interroge

Depuis son apparition, la vie se modifie. Les fossiles témoignent des espèces qui ont vécu avant nous. **Que nous apprennent les fossiles sur l'histoire de la vie sur Terre et notamment celle de l'homme ?**

Je cherche, je réalise

La recherche des origines de l'homme se fait en étudiant les caractères présents sur les fossiles trouvés. On a découvert que plusieurs espèces d'homme ont co-existé, sans se succéder : l'**évolution** de l'homme n'est donc pas linéaire et le chimpanzé n'est pas notre ancêtre.

Le chimpanzé et l'homme font partie du groupe des grands singes au sein des **primates**. Si nous partageons beaucoup de points communs, c'est que nous avons un ancêtre commun il y a très longtemps : nous sommes donc des **cousins** !

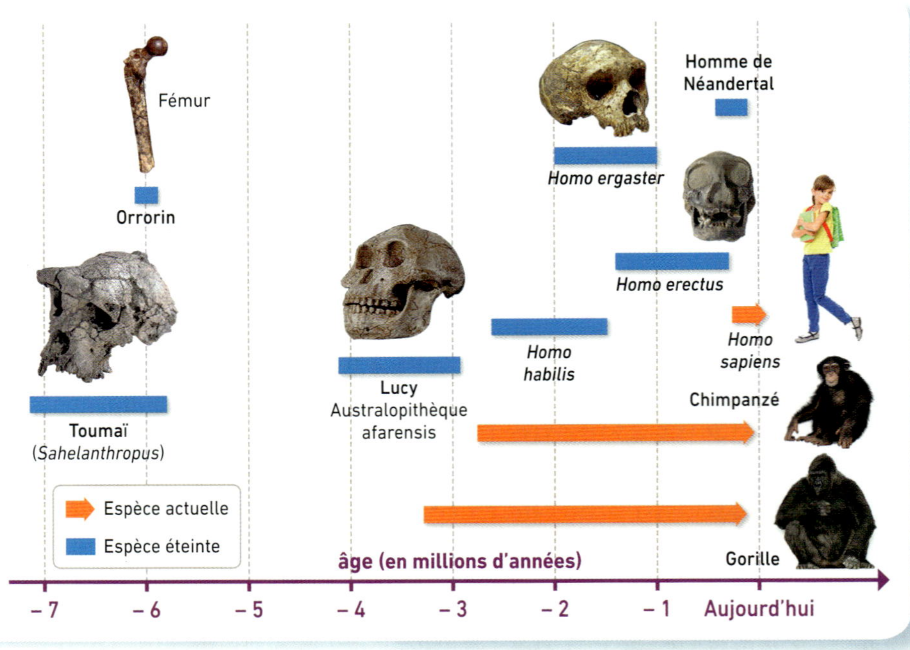

DOC 1 Quelques espèces liées à l'histoire de l'homme et du chimpanzé

Au cours des temps, les groupes d'êtres vivants se sont modifiés. Certains groupes ont disparu, comme les grands **dinosaures**, il y a 65 000 000 d'années, d'autres se sont développés, comme le groupe des primates auquel les grands singes appartiennent, avec entre autres les chimpanzés et les gorilles.

Groupe d'êtres vivants	Âge des premiers fossiles découverts (en année)
Plantes terrestres	420 000 000
Dinosaures	225 000 000
Mammifères	204 000 000
Oiseaux	150 000 000
Primates	65 000 000
Homo sapiens (êtres humains actuels)	200 000

fossile de plante datant d'environ 300 000 000 d'années

DOC 2 Quelques dates de l'histoire de la vie sur Terre

Je maîtrise les notions d'échelles

Construis une frise chronologique présentant quelques moments importants de l'histoire de la vie sur Terre.

Matériel
- un décamètre
- une règle
- des pinces à linge
- des feuilles
- un stylo
- une corde

→ **Pour représenter le temps,** choisis une échelle. Par exemple, 1 million d'années est représenté par 1 cm.

→ **Pour réaliser la frise :** avec la corde et les feuilles, représente la frise avec les dates clés de l'histoire de la vie (tu peux commencer avec celles du **doc. 2**).

DOC 3 Construire une frise des temps géologiques

Activités

- En utilisant le **doc. 1**, trouve les espèces qui ont vécu en même temps, en prenant comme repère chaque million d'années.
- À partir du **doc. 2**, indique la date d'apparition des premiers mammifères, compare-la avec celle de l'apparition de l'*Homo sapiens*.

Je conclus

Explique à Enzo pourquoi l'étude des fossiles nous apprend que l'évolution de l'homme n'est pas linéaire.

VOCABULAIRE

- **l'évolution :** c'est la modification au cours du temps des caractères portés par des organismes vivants.
- **un primate :** animal qui possède un pouce opposable, des ongles à la place des griffes et des yeux de face sur le visage.

Je fais le bilan ... par le texte

J'ai découvert :

- La diversité actuelle des espèces
- Les critères de la classification scientifique
- La notion de fossile
- La succession des espèces dans le temps

16 Qui se ressemble ne s'assemble pas toujours

- Sur Terre, il y a une grande biodiversité. En effet, de nombreux milieux de vie abritent des organismes différents. Pour faciliter l'étude de ces êtres vivants, les scientifiques regroupent, au sein d'une même **espèce**, les organismes qui se ressemblent et qui peuvent se reproduire.

17 Le scorpion et l'araignée : un air de famille ?

- Classer les êtres vivants permet de **regrouper** les individus qui partagent des **points communs**. Cela nous renseigne sur les **liens de parenté** qu'ils possèdent entre eux. Plus ils ont de points communs, plus leur **ancêtre commun** est proche dans le temps.

18 Nous vivons avec des dinosaures !

- L'étude des **fossiles** nous permet d'avoir des informations sur les êtres vivants qui ont peuplé la Terre dans le passé. On peut reconstituer leurs milieux de vie et les liens de parenté avec les espèces actuelles.

19 Des requins dans les champs !

- Tout au long de l'histoire de la Terre et depuis l'apparition de la vie, différents milieux de vie et différentes espèces se sont succédé. Ainsi, la biodiversité actuelle est différente des biodiversités passées.

20 On ne descend pas du singe, on est des singes !

- Il a existé de nombreuses espèces d'Homme ayant parfois vécu en même temps ! Aujourd'hui, elles ont toutes disparu, sauf l'être humain actuel (*Homo Sapiens*). Le chimpanzé possède de nombreux caractères indiquant qu'il a un ancêtre commun très récent avec *Homo Sapiens*. L'homme actuel et le chimpanzé font partie du groupe des grands singes.

Je me suis entraîné à :

- Utiliser et construire un mode de représentation formalisé (clé de détermination, classification...).
- Utiliser un vocabulaire spécifique pour classer les êtres vivants.
- Réaliser une expérience pour comprendre la fossilisation.
- Construire une frise chronologique pour me situer dans le temps.

J'ai utilisé les mots :

- biodiversité
- caractère
- environnement
- espèce
- évolution
- fossile

Je fais le bilan ... par l'image

Étude des fossiles et des êtres vivants actuels

Reconstituer des environnements du passé et décrire les êtres vivants actuels et passés

Il y a 300 000 000 d'années

Il y a 80 000 000 d'années

Il y a 10 000 ans

Identifier les caractères communs chez les êtres vivants actuels et passés

Le mammouth, le lapin et la poule ont en commun :

- des vertèbres
- 4 membres

Classer les êtres vivants et reconstituer les liens de parenté

21 Les céréales le matin, bon ou mauvais choix ?

Je m'interroge

Pour vivre, nous avons besoin d'eau et de nous nourrir d'aliments d'origine animale ou végétale. **Et toi, sais-tu ce que nos aliments contiennent ?**

Je cherche, je réalise

Les aliments fournissent l'**énergie** nécessaire au bon fonctionnement et au renouvellement de l'organisme. On mesure la quantité d'énergie présente dans un aliment en kilojoule (kJ) ou kilocalorie (Kcal).

Sur une étiquette on retrouve les principaux constituants d'un aliment : des **matières grasses**, des **glucides**, des **protéines**, des **fibres**, des vitamines, du sel.

ANALYSE NUTRITIONNELLE MOYENNE	Pour 100 g	Portion de 40 g + 125 ml de lait écrémé
Énergie	1500 kj 356 kcal	844 kj 200 kcal
Matières grasses dont acides gras saturés	6,2 g 1 g	4,4 g 1,6 g
Glucides dont sucres	58,4 g 14,7 g	29 g 11,6 g
Fibres alimentaires	9,9 g	4 g
Protéines	11,7 g	8,8 g
Sel	0,10 g	0,175 g

Contient des sucres naturellement présents.

DOC 1 La composition des céréales en paquet

Dans les **glucides**, on regroupe :

– Les **sucres lents** qui apportent de l'énergie pendant plusieurs heures.

– Les **sucres rapides** (ou simples) qui apportent de l'énergie très rapidement. C'est un constituant qu'il faut limiter et ne pas trop consommer. Ils sont précisés sur l'analyse nutritionnelle à : « dont sucres ».

Composition en glucides pour 100 g de céréales du matin

	Glucides	dont sucres (rapides)	Je déduis les sucres lents
Muesli fruits secs sans sucres ajoutés	59	15	44
Céréales au chocolat	66	30	36

Je garde une trace écrite de mes recherches

Réalise un tableau pour comparer la quantité de sucres lents et rapides, présents dans deux aliments.

→ Choisis deux aliments.

→ Cherche la quantité de glucides et de sucres (sucres rapides).

→ Construis un tableau présentant la composition en glucide de chaque aliment (tu peux t'aider du modèle à gauche pour trouver la quantité de sucres lents).

DOC 2 Distinguer le sucre du sucre

Manger trop de matières grasses et de sucres rapides peut être à l'origine de problèmes de santé (surpoids, maladie du cœur…).

La consommation excessive de **sel** est également mauvaise pour le fonctionnement du corps (les reins, la circulation du sang…).

La dose conseillée pour un adulte est de 5 g par jour. Or, le sel est caché dans tous les aliments, surtout ceux industriels. Ainsi, la plupart des personnes consomme entre 8 et 10 g par jour !

DOC 3 Ne mange pas trop gras, trop sucré et trop salé

Activités

- Trouve le composant le plus important dans une boite de céréales (**doc. 1** et **2**). Pourquoi les céréales en chocolat sont moins bonnes pour la santé que celles de Clara ?
- Justifie l'expression « ne mange pas trop gras, trop sucré, trop salé » (**doc. 3**).

Je conclus

Cite les principaux constituants des aliments et leurs rôles.

VOCABULAIRE

- **les fibres :** éléments bénéfiques pour notre digestion.
- **les glucides (sucres) :** ce sont les sucres lents et les sucres rapides.
- **une matière grasse:** élément nécessaire au corps en quantité limité.
- **les protéines :** élément nécessaire au fonctionnement du corps et qui constituent les muscles.

22 Mangeons équilibré

Je m'interroge

Manger équilibré permet d'avoir les éléments importants pour notre organisme en quantité suffisante. **Qu'est-ce que manger équilibré ? Doit-on toujours manger de la même façon ?**

Je cherche, je réalise

On classe les **aliments** en sept groupes. Pour chacun, les professionnels de santé conseillent un nombre de portions ou une quantité par jour. La taille des portions dépend de notre âge.

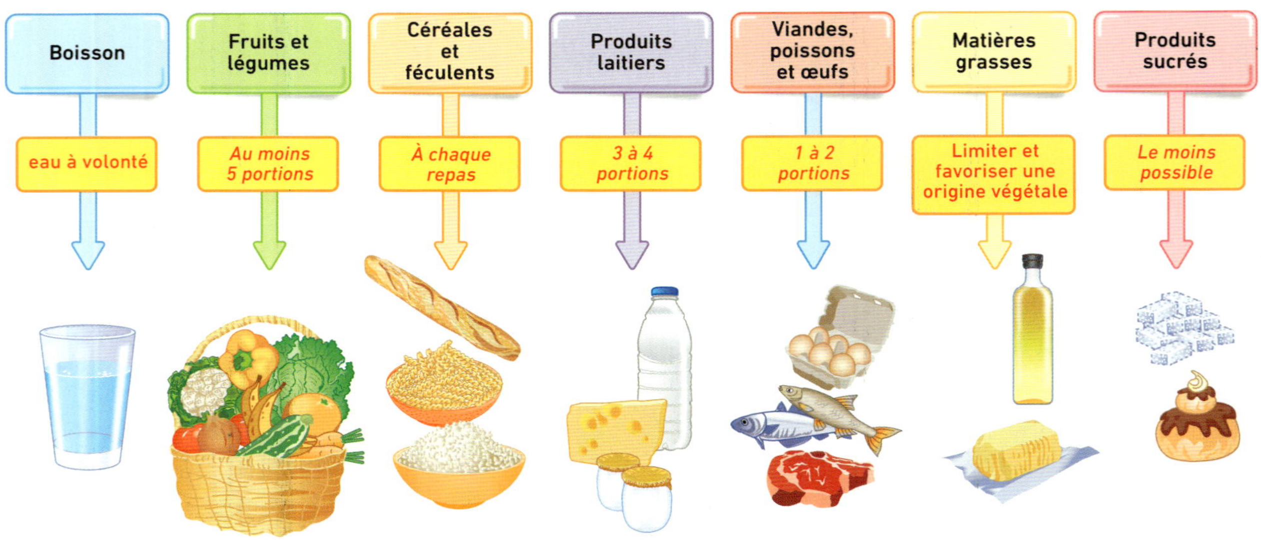

DOC 1 Quelques recommandations nutritionnelles

Pour expliquer les besoins en aliments (de l'être humain), je connais les caractéristiques d'une alimentation équilibrée.

Notre **alimentation** permet de couvrir nos besoins en énergie. Ces besoins dépendent de l'âge, de l'**activité physique**. À âge égal, ces besoins sont très variables d'un enfant à l'autre et même d'un jour à l'autre.

Manger équilibré ne suffit pas, l'activité physique est essentielle. La **sédentarité** pose de graves problèmes de santé. Les jeux de plein air, le sport, se déplacer à pied, prendre l'escalier permettent de maintenir en bonne santé notre corps. On recommande au moins 60 minutes d'activité physique par jour.

DOC 2 Les besoins en énergie

Je relie mes connaissances à des questions de santé

Réalise un déjeuner équilibré à partir de photographies ou de dessins d'aliments. Tu peux t'aider du doc. 1 pour choisir les aliments. N'oublie pas la boisson !

DOC 3 Composer un déjeuner équilibré

Activités

- Pour chaque catégorie (**doc. 1**), nomme un aliment correspondant.
- Émets une hypothèse pour expliquer la variation des besoins en énergie (**doc. 2**).

Je conclus

Explique les caractéristiques d'une alimentation équilibrée.

VOCABULAIRE

- **une activité physique :** mouvements du corps qui font dépenser plus d'énergie à notre organisme que lorsqu'il est au repos.
- **la sédentarité :** activité physique très insuffisante ou absente (assis devant un écran, repos…).

23 Cela ne sert à rien de manger !

Je m'interroge

Pour vivre, nous devons nous nourrir d'aliments que nous digérons. Que deviennent ces aliments dans notre organisme ? **Que veut dire « digérer » ?**

Je cherche, je réalise

Quand on a mâché un morceau de pomme, avant qu'on l'avale, son aspect a déjà bien changé ! La **mastication** et l'action de la salive permettent de commencer à digérer la pomme.

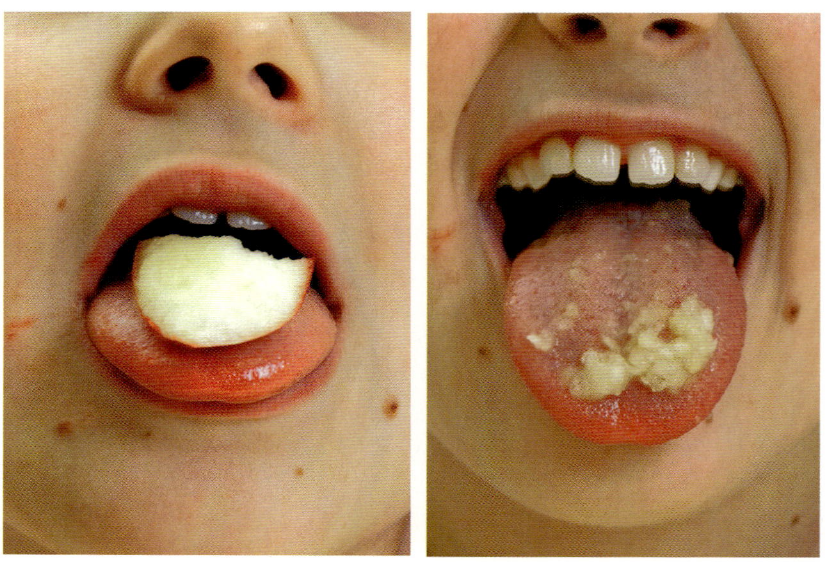

DOC 1 Le rôle de la mastication

1 Les aliments, une fois mâchés et avalés, vont dans l'estomac en passant par l'œsophage.

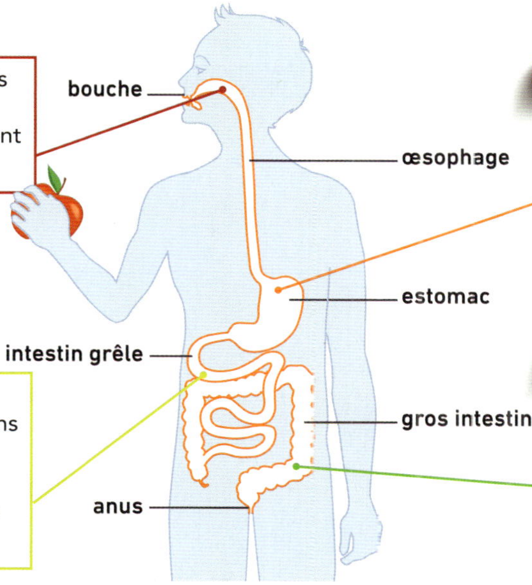

2 L'estomac, puis l'intestin, fabrique des **sucs digestifs** qui vont réduire une partie de ces aliments mâchés en minuscules morceaux appelés **nutriments**.

3 Les nutriments vont poursuivre leur chemin dans l'intestin grêle : ils vont alors traverser la paroi de l'intestin pour passer dans le sang.

4 Les éléments non digérés (ex. : les fibres des végétaux) vont poursuivre leur chemin vers le gros intestin pour être rejetés sous forme d'excréments.

DOC 2 **Le devenir des aliments dans le tube digestif**

Je replace des expériences scientifiques dans le contexte historique

SOCLE

Explique une expérience historique en :
- schématisant les étapes de début et de fin des expériences ;
- expliquant le rôle des sucs digestifs.

En 1825, Alexis Saint-Martin eut l'**estomac** perforé par une balle. Il guérit mais garda un trou reliant son estomac à l'extérieur. Le médecin William Beaumont utilisa ce trou pour réaliser des expériences sur la **digestion**.

Expérience 1

Le médecin préleva 30 g de suc gastrique dans son estomac qu'il plaça dans un tube avec un morceau de bœuf. Il boucha ce tube et le mit dans de l'eau à 37 °C. Quelques heures plus tard, toute la viande était digérée.

Expérience 2

Il mit un morceau de bœuf dans l'estomac du garçon par le trou. Deux heures après, le morceau avait disparu !

DOC 3 **Comprendre une expérience scientifique historique**

Activités

- Compare l'aspect de la pomme avant et après mastication (**doc. 1**).
- Repère les organes où les aliments subissent une transformation (**doc. 2**).

Je conclus

Décris ce que deviennent les aliments au cours de leur trajet dans ton organisme.

VOCABULAIRE

- **la digestion** : transformation des aliments en nutriments.
- **les nutriments** : substances telles que les matières grasses, les protéines ou les glucides, qui proviennent de la digestion des aliments.
- **un suc digestif** : liquide qui participe à la digestion en coupant les aliments en nutriments.

24 De la nourriture dans le sang ?

Je m'interroge

Lors de la digestion, les aliments sont digérés en nutriments. Ces nutriments traversent la paroi de l'intestin pour se retrouver dans l'organisme. **Où vont ces nutriments et comment sont-ils apportés à l'ensemble du corps qui en a besoin pour fonctionner ?**

Je cherche, je réalise

Voici les résultats des mesures de la **quantité de sucre** dans le sang pour Clara et Enzo à différents moments de la journée. Ces résultats parfaitement normaux montrent que Clara et Enzo n'ont aucun problème pour digérer et utiliser le sucre.

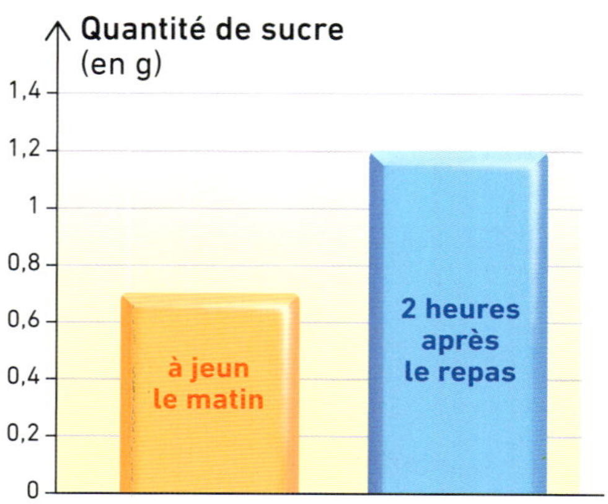

Mesure de la quantité de sucre dans un litre de sang pour Enzo

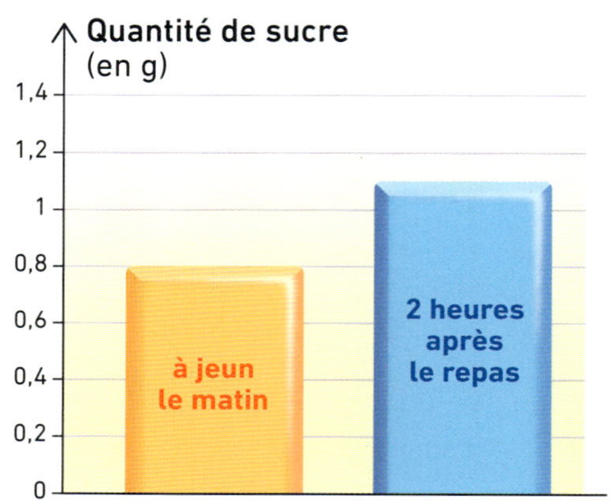

Mesure de la quantité de sucre dans un litre de sang pour Clara

DOC 1 Mesure de la quantité de sucre dans le sang

Toutes les parties de notre corps sont parcourues par des **vaisseaux sanguins**. Le sang qui y circule transporte notamment les nutriments venant de la digestion ainsi que le dioxygène récupéré au niveau des poumons.

Le **cœur** est une pompe qui permet de faire **circuler** le sang pour qu'il distribue les nutriments et le dioxygène à l'ensemble de l'organisme.

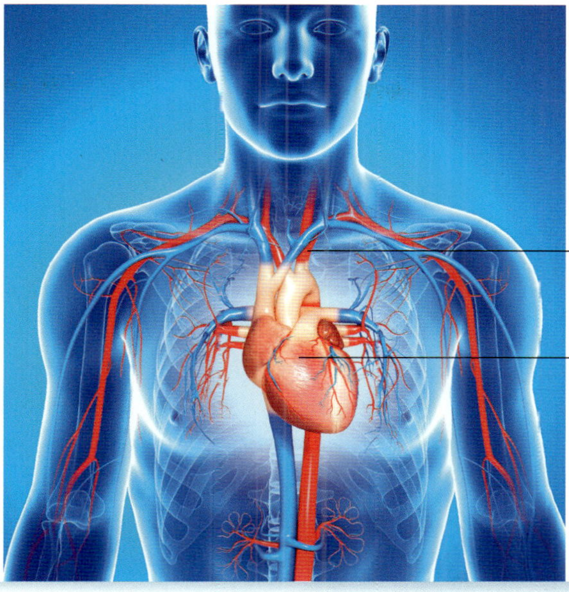

DOC 2 Le rôle du cœur

Je mets en œuvre une action citoyenne et responsable

Dans le cadre d'« Apprendre à porter secours », réalise une recherche sur les gestes qui sauvent.

Lorsqu'une personne a cessé de respirer et que son cœur ne bat plus, les sauveteurs réalisent une réanimation cardio-pulmonaire. C'est un ensemble de gestes destinés à assurer l'apport en dioxygène au niveau des organes.

DOC 3 Apprendre les gestes qui sauvent

Activités

- À l'aide du **doc. 1**, montre que les sucres contenus dans les aliments du petit-déjeuner passent dans le sang.
- Identifie les éléments dont les organes ont besoin pour fonctionner (**doc. 2** et **3**).

Je conclus

Explique le rôle du cœur dans l'alimentation des organes.

VOCABULAIRE

- **la circulation sanguine :** trajet effectué par le sang dans les vaisseaux sanguins.
- **les vaisseaux sanguins :** tubes dans lesquels circulent du sang. Il en existe deux sortes, les artères qui partent du cœur et les veines qui vont au cœur.

Je fais le bilan ... par le texte

J'ai découvert :

- Les constituants des aliments
- Les besoins alimentaires
- Les fonctions de nutrition

21 Les céréales le matin, bon ou mauvais choix ?

- Les aliments que nous mangeons sont constitués de **matières grasses**, de **protéines**, de **glucides** et de **fibres**. Pour préserver notre santé, il faut limiter les aliments qui contiennent trop de sucres rapides, de matières grasses et de sel.

22 Mangeons équilibré

- Pour favoriser notre bonne santé, il est indispensable de favoriser l'**activité physique** et de se nourrir de **repas équilibrés** apportant l'ensemble des constituants dont notre corps a besoin. Les besoins de notre organisme dépendent de notre âge, de notre activité…

23 Cela ne sert à rien de manger !

- Les aliments que nous mangeons vont se retrouver dans les organes qui participent à la **digestion**. Les éléments dont nous avons besoin vont être digérés en **nutriments** et passer dans le **sang** au niveau de l'intestin, tandis que les constituants que nous ne digérons pas vont être **éliminés** sous la forme d'**excréments**.

24 De la nourriture dans le sang ?

- Les nutriments qui passent dans le sang au niveau de l'intestin vont être distribués à tout notre corps grâce à la **circulation sanguine** (dans les vaisseaux sanguins). C'est le cœur qui en battant est à l'origine de cette circulation qui alimente tous nos organes.

Je me suis entraîné à :

- Lire une étiquette pour connaitre la constitution d'un aliment.
- Réaliser un déjeuner équilibré.
- Expliquer les résultats d'une expérience historique.

J'ai utilisé les mots :

- fibres
- glucide
- matière grasse
- nutriments
- protéine
- vaisseaux sanguins

Je fais le bilan ... par l'image

Le devenir des aliments dans notre corps

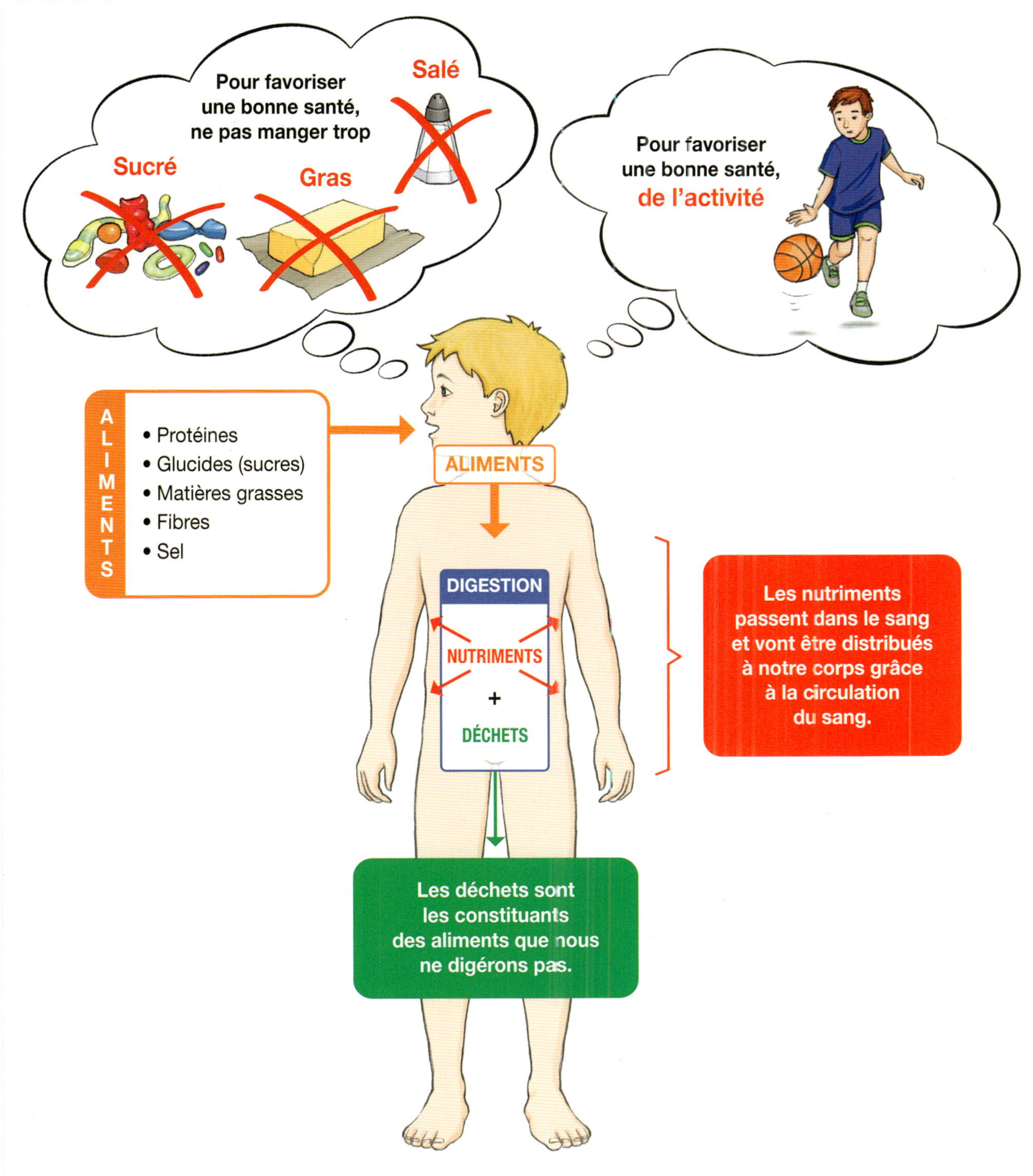

25 Les petits pois ne viennent pas du supermarché

Je m'interroge

Pour faire pousser des petits pois, il faut semer des graines qui vont donner de nouvelles plantes. **Et toi, sais-tu comment sont constituées ces graines et comment elles se forment ?**

Je cherche, je réalise

Les petits pois sont les **graines** du pois potager. C'est une plante annuelle facile à cultiver. Les graines sont semées le plus souvent au début du printemps, selon les climats et le type de pois. Les gousses se récoltent à partir de mai et durant l'été.

Observation de petit pois entier et en coupe

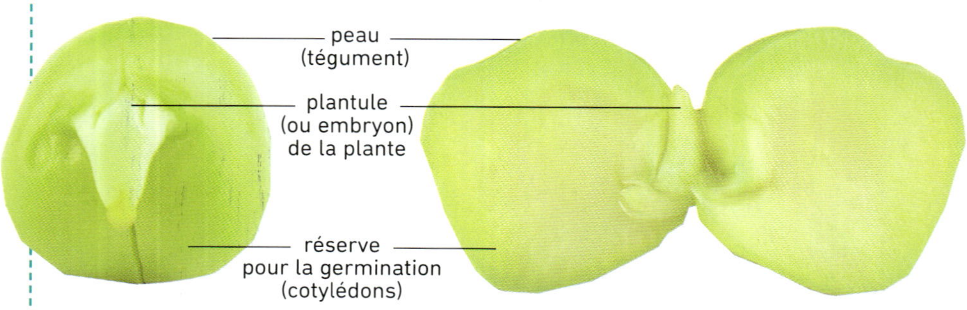

Placée dans des conditions favorables, la graine germe.

DOC 1 Le petit pois est une graine

Pour décrire comment les êtres vivants se développent et deviennent aptes à se reproduire, j'observe les modifications subies par une plante au cours de sa vie.

Je formalise une partie de ma recherche par écrit

Réalise des plants de petits pois à partir du matériel présenté et observe leur développement.

- Planter des graines de petits pois dans une jardinière ou un pot transparent.
- Prendre des photos tous les deux jours pour suivre le développement de la plante.
- Construire le cycle de vie d'un plant de petit pois.

DOC 2 **Observer le cycle de vie d'un petit pois : de la graine à la plante**

Après la **germination**, la plante grandit, puis fleurit : certaines parties de la fleur vont se transformer en fruit (la gousse) qui contiendra les **graines**. Celles-ci donneront de nouvelles plantes en germant.

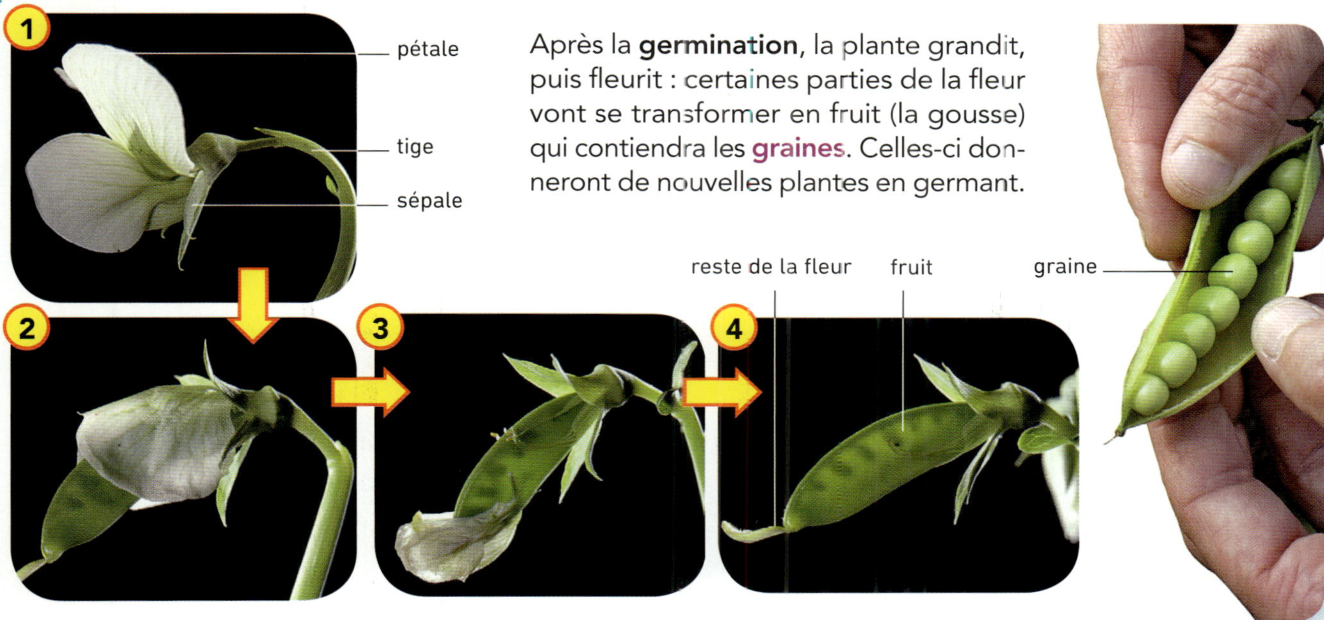

DOC 3 **De la fleur à la graine**

Activités

- Réalise le cycle de vie d'un plant de pois potager (**doc. 1**, **2** et **3**).

Je conclus

Explique à Enzo comment se forment les graines de pois potager et comment il peut les récupérer pour obtenir de nouveaux petits pois.

VOCABULAIRE

- **une graine :** organe d'une plante qui se trouve dans le fruit et qui renferme un embryon capable de se développer en une nouvelle plante.

26 Mon phasme ne rentre plus dans son pyjama !

Je m'interroge

Une des caractéristiques du vivant est que tous les organismes grandissent. **Cette croissance est-elle la même pour tous ? Comment peux-tu observer la croissance d'un individu ?**

Je cherche, je réalise

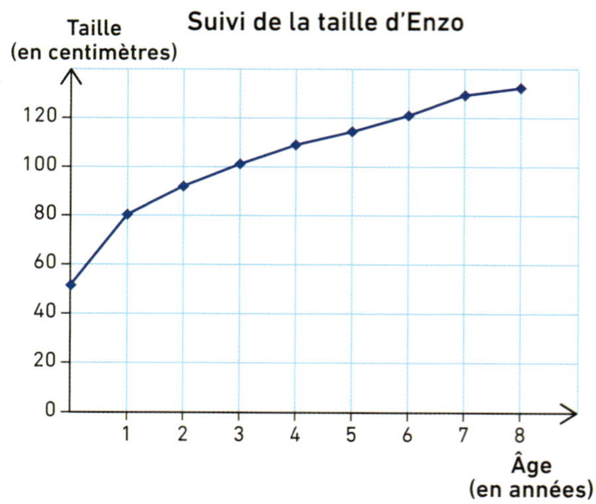

Le suivi de la **croissance** d'un enfant est important pour surveiller sa santé. Régulièrement, le médecin va mesurer la **taille** et le **poids**. Ces informations sont ensuite notées sur le carnet de santé.

DOC 1 Mesure de la croissance d'un enfant

Pour décrire comment les êtres vivants se développent et deviennent aptes à se reproduire, je connais les différents types de croissance.

Comme tous les êtres vivants, les plantes grandissent ! Quand on les cultive en pot, le rempotage (changement de pot) est nécessaire au bout d'un moment pour contenir les racines qui se développent.

Je propose une expérience pour tester une hypothèse

À partir du matériel ci-dessous, imagine des manipulations pour montrer la croissance au cours du temps d'une plante de ton choix.

DOC 2 Trouver des indices de la croissance d'une plante

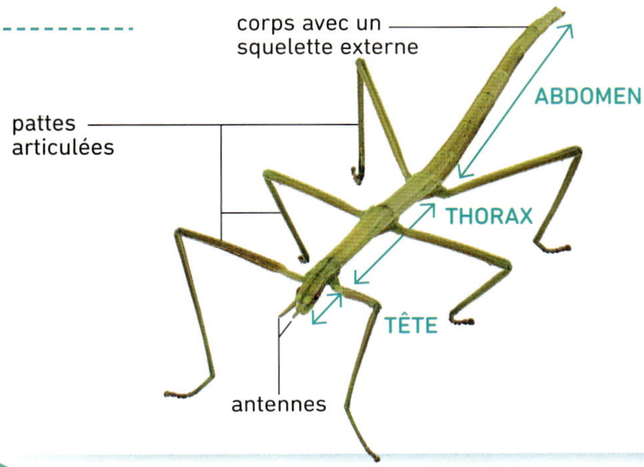

La croissance du phasme morose se fait de façon **discontinue** car, pour grandir, il doit changer de « peau ». Ce **squelette externe** qui protège le corps du phasme est trop rigide pour s'étirer. Le phasme va devoir **muer** plusieurs fois au cours de sa vie pour atteindre sa taille adulte. Dans un élevage, on retrouve souvent ces mues qui ressemblent à des phasmes blancs et vides. Chez le phasme morose, six à sept mues vont se succéder, toutes espacées de quinze à vingt jours.

DOC 3 La croissance du phasme morose

Activités

- Repère la taille d'Enzo à 3 ans et à 8 ans (**doc. 1**).
- À l'aide de tes observations (**doc. 2**), prouve que les plantes ont une croissance.
- Explique pourquoi le phasme morose ne peut pas avoir de croissance continue (**doc. 3**).

Je conclus

Explique la différence entre une croissance continue (*ex. : chez l'homme*) et une croissance discontinue (*ex. : chez le phasme*).

VOCABULAIRE

- **la croissance :** augmentation de la taille et de la masse d'un organisme. Elle peut être continue ou discontinue.
- **une croissance discontinue :** se dit d'une croissance qui n'est pas progressive.
- **muer :** c'est quand un animal change de peau ou de squelette externe sous l'effet de la croissance. Cette peau s'appelle la **mue**.

27 Où sont passés les bébés coccinelles ?

Je m'interroge

Chez les animaux, la naissance marque le début de la vie d'un individu, qui va ensuite subir des changements jusqu'à devenir adulte. **Quels sont ces changements ?**

Je cherche, je réalise

La femelle du hamster peut avoir une portée de un à seize bébés. À la naissance, ces petits n'ont presque pas de poils et leurs yeux ne sont pas encore ouverts, mais ils ressemblent déjà au hamster adulte.

• nouveau-né

Tout comme de nombreux organismes, dont les êtres humains, les hamsters ont un **développement direct** : cela veut dire que les petits ressemblent aux adultes.

• mère allaitant ses petits âgés de 12 jours

DOC 1 Le hamster, un exemple de développement direct

Pour décrire comment les êtres vivants se développent et deviennent aptes à se reproduire, je connais les différents types de développement.

On peut observer chez de nombreux êtres vivants un développement **indirect**. Pour les insectes, par exemple, après l'éclosion, les **larves** ne ressemblent pas aux adultes qui ont pondu les œufs. Après une certaine durée (selon l'espèce en question), les larves vont s'enfermer dans un cocon. De ce cocon sortira quelques jours plus tard un individu ressemblant à l'adulte. Cette transformation de la larve à l'adulte, effectuée dans le cocon, s'appelle la **métamorphose**.

DOC 2 **Des organismes vivants avec un développement indirect**

J'extrais les informations pertinentes et je les mets en relation

À partir des observations des documents présentés ci-contre, remets dans le bon ordre les différentes étapes du développement de la coccinelle.

1

3

2

• œufs

4

• éclosion des œufs

5

• coccinelle sortant de son cocon

DOC 3 **Ranger les grandes étapes de la vie d'une coccinelle à 7 points par ordre chronologique**

Activités

- Trouve les points communs et les différences entre les jeunes et adultes présentés (**doc. 1** et **2**).
- Repère le moment de la métamorphose (**doc. 3**).

Je conclus

Construis le cycle de vie d'une coccinelle, puis explique à Clara pourquoi la coccinelle présentée par Enzo ne ressemble pas à une coccinelle adulte.

VOCABULAIRE

- **un développement :** ce sont les modifications subies par l'organisme au cours de sa vie. Il peut être direct ou indirect.
- **une larve :** être vivant à l'éclosion qui est différent de l'adulte.
- **la métamorphose :** stade du développement où la larve devient un adulte.

28 J'ai attrapé la puberté !

Je m'interroge

Dans l'espèce humaine, comme pour toutes les espèces animales, la naissance marque le début de la vie.
Comment se développe un être humain ? À quelle étape de sa vie est-il capable de se reproduire ?

Je cherche, je réalise

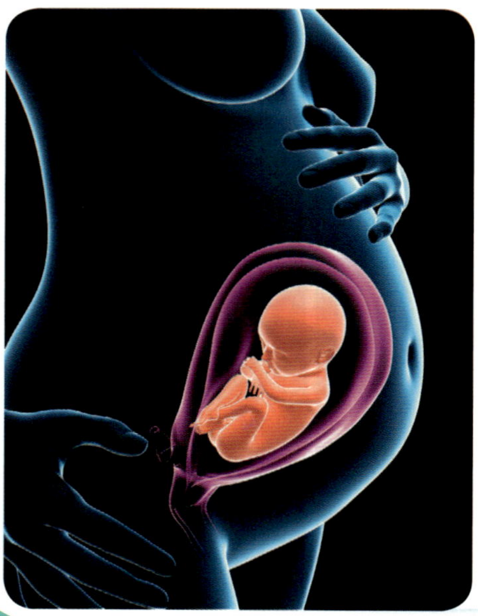

À la suite d'un rapport sexuel, un homme et une femme peuvent concevoir un enfant. La **reproduction** permet de transmettre la vie de génération en génération.

Ce futur bébé, appelé **fœtus**, va passer neuf mois à l'intérieur du corps de sa mère avant de naitre. Ce bébé, fille ou garçon, va poursuivre sa croissance et son développement pour devenir capable, un jour, de se reproduire à son tour.

DOC 1 Faire un bébé

J'exprime un phénomène à l'écrit et à l'oral

SOCLE

En rédigeant un texte, montre les transformations du corps au cours du développement.

➜ Place les dessins dans un ordre chronologique pour montrer le développement des parents de bébé Enzo, jusqu'à avant sa naissance.

➜ Indique ensuite les étapes suivantes : vie fœtale – enfance – puberté – âge adulte.

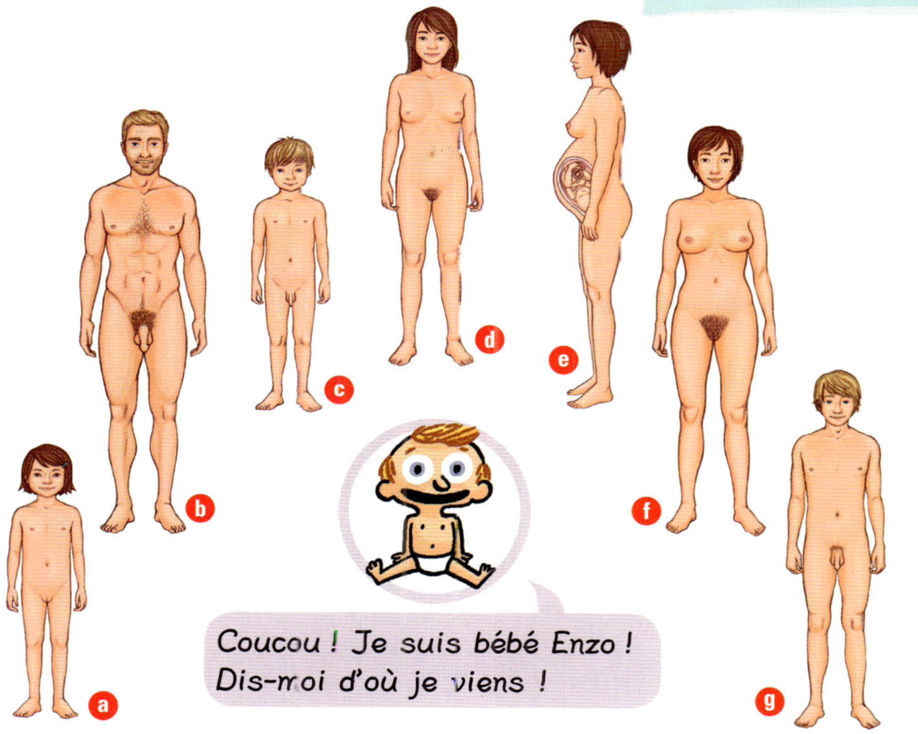

DOC 2 Reconnaître les transformations du corps au cours du développement

La **puberté**, chez les filles comme chez les garçons, commence vers 10-12 ans.
Pendant cette période, on observe des **modifications du comportement** : envie de plaire, changement d'humeur, émotivité, opposition aux adultes...
Durant la puberté, les **appareils reproducteurs** se développent pour se préparer à la reproduction.

Le corps subit des changements comme : l'apparition de poils, la mue de la voix chez les garçons. Chez les filles, il peut y avoir également le développement des seins et l'apparition des premières **règles** entre 10 et 16 ans : cet écoulement de sang est directement lié à la mise en fonctionnement de l'appareil reproducteur féminin ; il est normal, dure entre quatre et six jours et se répète tous les mois environ.

DOC 3 Les signes de la puberté

Activités

- Justifie l'affirmation suivante : « L'être humain possède une croissance continue et un développement direct » (**doc. 1**).
- À l'aide des **doc. 2** et **3**, liste les changements qui se déroulent durant la puberté.

Je conclus

Explique ce que permettent les changements qui se déroulent lors de la puberté.

VOCABULAIRE

- **un fœtus :** c'est l'étape de développement qui succède à l'embryon avant la naissance du futur bébé.
- **la puberté :** c'est l'étape du développement d'un être humain où il devient physiquement capable d'avoir des enfants.

Je fais le bilan... par le texte

J'ai découvert :

- La germination et le développement des végétaux
- La croissance et le développement des animaux
- La puberté

25 Les petits pois ne viennent pas du supermarché

- Chaque **graine** renferme une petite plante qui, après **germination**, va grandir puis fleurir. Certaines parties de la fleur vont alors se transformer en un fruit qui contiendra des graines. Ces graines pourront donner de nouvelles plantes en germant.

26 Mon phasme ne rentre plus dans son pyjama !

- Tous les êtres vivants grandissent : on peut observer leur **croissance** en suivant leur taille ou leur masse au cours du temps. Cette croissance est **continue** quand elle se fait en permanence jusqu'à l'âge adulte, comme c'est le cas chez les animaux qui ont une colonne vertébrale ainsi que les vers à corps mou.
- Chez d'autres organismes, comme les animaux possédant un squelette externe, cette croissance est **discontinue** car l'animal ne peut grandir qu'après son changement de carapace, au moment de la mue.

27 Où sont passés les bébés coccinelles ?

- Après leur naissance, les animaux vont, en se développant, subir des modifications pour devenir des adultes. Chez les animaux avec un développement direct, le nouveau-né ressemble à l'adulte. Lorsque la **larve** est différente de la forme adulte, comme chez la coccinelle ou le papillon, le développement est indirect.

28 J'ai attrapé la puberté !

- La naissance est le début de la vie d'un individu. Dans l'espèce humaine, le nouveau-né se développe pour devenir un enfant, puis un adolescent dont l'appareil reproducteur va commencer à fonctionner au moment de la **puberté**. Il devient ainsi capable physiquement d'avoir un bébé. Ce développement s'achève à l'âge adulte.

Je me suis entraîné à :

- Réaliser des expériences pour observer la croissance et le développement de plantes.
- Reconstituer des cycles de vie.
- Rédiger un texte pour expliquer des modifications du corps au cours du développement.

J'ai utilisé les mots :

- croissance
- développement
- graine
- larve
- métamorphose
- puberté

Je fais le bilan ... par l'image

Le développement chez les êtres vivants

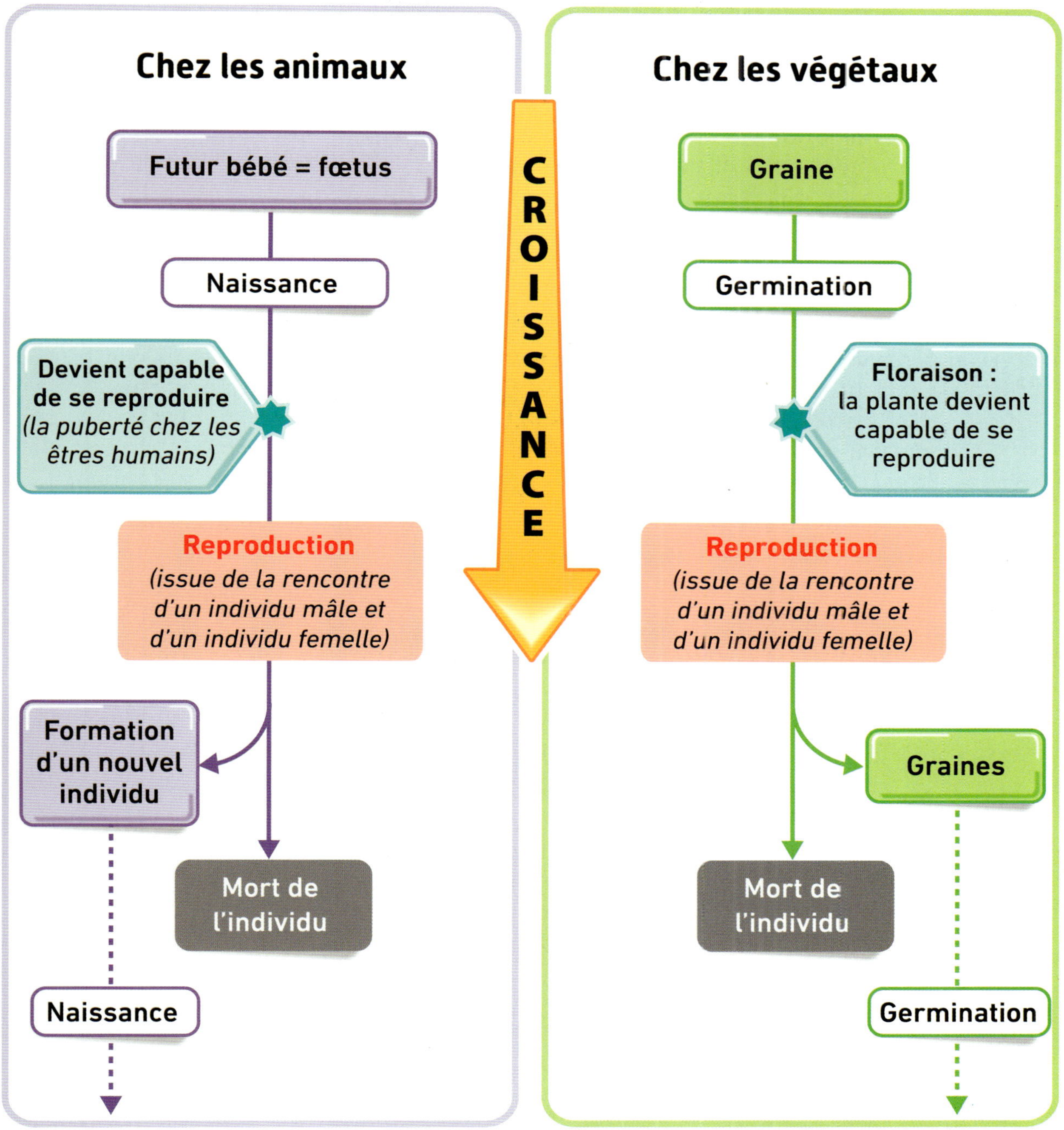

29 Minouche a mangé mes cerises !

Je m'interroge

Quand un animal se nourrit, il ne mange pas toujours tout. Il laisse souvent des traces de son repas. **À partir d'observations et de recherches d'indices, peux-tu savoir de quoi se nourrissent les animaux ?**

Je cherche, je réalise

Peut-être as-tu déjà observé des fruits qui semblaient avoir déjà été picorés avant même d'être ramassés ? Les merles, les pigeons ainsi que d'autres oiseaux sont souvent responsables de ces traces de coups de bec.

Le merle noir est facilement observable dans nos jardins, tout au long de la journée. On l'y voit chercher des insectes ou encore des vers de terre dont il raffole. Comme il est **omnivore**, il se nourrit également de fruits qu'il consomme directement dans les arbres ou d'autres qui sont tombés.

DOC 1 Le merle, un gourmand de nos jardins

Je m'approprie des outils et des méthodes

À partir d'échantillons de restes de noisettes ou de photographies d'observation, retrouve l'animal qui a mangé les différentes noisettes.

En recherchant des traces et indices, on peut identifier les **régimes alimentaires** des animaux.

Je perce un trou pour y pondre un œuf. Ma larve se régalera !

- femelle balanin des noisettes

Je brise les noisettes en 2 pour manger le fruit.

- écureuil

Avec les dents, je gratte la coque pour y faire un trou et manger la noisette.

- mulot

DOC 2 Identifier les régimes alimentaires des animaux

Le chat est un **prédateur**, qu'il soit domestiqué ou non. Parmi ses proies favorites, des rongeurs (mulot, campagnol, souris…), mais aussi des lézards, des insectes et des oiseaux. On peut parfois observer des restes du repas de ce **carnivore** (plumes, restes de rongeur…) dans les jardins.

DOC 3 Le chat, un redoutable chasseur dans nos jardins

Activités

- À partir des **doc. 1** et **3**, présente sous la forme d'un tableau le régime alimentaire du merle et du chat.
- Construis un réseau alimentaire avec les aliments présentés dans les **doc. 1**, **2** et **3**.

Je conclus

Explique à Enzo ce que son chat recherche dans le cerisier.

VOCABULAIRE

- **un carnivore :** se nourrit de matière animale.
- **un omnivore :** se nourrit de matière d'origine diverse (animale, végétale, champignon…).
- **un régime alimentaire :** ensemble des aliments consommés par un animal.

30 Des plantes qui poussent sans terre !

Je m'interroge

Enzo et Clara ne sont pas d'accord ! **Et toi, sais-tu si les plantes ont vraiment besoin de terre pour se développer ?**

Je cherche, je réalise

La plupart des végétaux poussent naturellement dans la **terre**. Pourtant, dans les serres, on cultive de nombreuses plantes « hors sol ». Les racines trempent parfois directement dans de l'**eau minéralisée**, contenant des **éléments minéraux**, qui peut circuler dans des tubes. C'est le cas de la culture de salade présentée ci-contre.

DOC 1 Des salades qui poussent sans terre

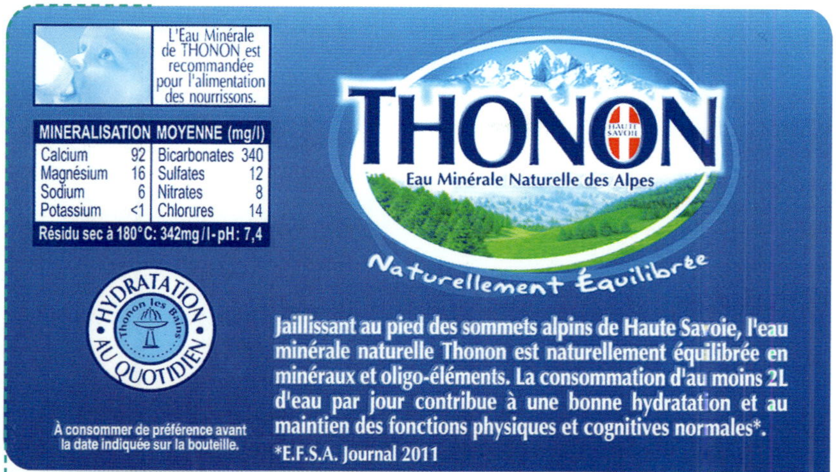

Les éléments minéraux sont **dissous** dans l'eau. Selon l'eau minéralisée, la quantité d'**éléments minéraux** peut changer ! Par exemple, certaines eaux ont un gout salé car elles contiennent beaucoup de sodium. Et le sodium est un des éléments du sel de cuisine !

DOC 2 La composition de l'eau minéralisée (en milligramme par litre)

Je propose une expérience simple pour tester une hypothèse

En t'aidant du montage ci-contre, mets en place des expériences dans ta classe pour connaitre les besoins des plantes pour vivre.

DOC 3 Mener une recherche expérimentale

Matériel

- des plantules de lentilles
- de l'eau minéralisée
- de l'eau déminéralisée
- du coton
- de la terre
- de la vermiculite

Activités

- Quand les plantes sont cultivées hors de la terre, que doit-on leur apporter pour qu'elles se développent (doc. 1 et 2) ?
- À partir de l'interprétation des résultats de l'expérience du doc. 3, fais la liste des éléments indispensables à la plante.

Je conclus

Explique à Enzo comment la jacinthe de Clara peut se développer sans terre.

VOCABULAIRE

- **l'eau minéralisée :** eau contenant des minéraux dissous (sodium, calcium). L'eau déminéralisée n'en contient plus.
- **les éléments minéraux :** éléments provenant des roches et de l'activité des êtres vivants du sol, indispensables au bon fonctionnement de l'organisme.

31 Des plantes qui ne survivent pas aux vacances

Je m'interroge

Enzo ne comprend pas pourquoi sa plante est morte pendant ses vacances.
Et toi, sais-tu de quoi les plantes ont besoin pour vivre ?

Je cherche, je réalise

Je fais le lien entre la mesure réalisée et l'outil utilisé

SOCLE

En réalisant des mesures, prouve que la plante a produit de la matière organique.

Matériel
- ✓ des plantules de blé
- ✓ un calendrier
- ✓ une règle graduée

DOC 1 Mettre en évidence la production de matière organique

Pour expliquer l'origine de la matière organique des êtres vivants et son devenir, j'identifie les besoins vitaux des plantes vertes.

Dans la classe, nous avons placé un pot contenant des jeunes plants de blé à la lumière (pot 1) et l'autre, à l'obscurité (pot 2).

Pendant un mois, nous avons suivi la **croissance** et le **développement** de ces plantules de blé.

DOC 2 **Une recherche expérimentale pour connaitre les besoins des plantes**

Les feuilles des plantes leur permettent de capter la lumière mais également de récupérer le **dioxyde de carbone** présent dans l'air.
Cette expérience montre le rôle du dioxyde de carbone.

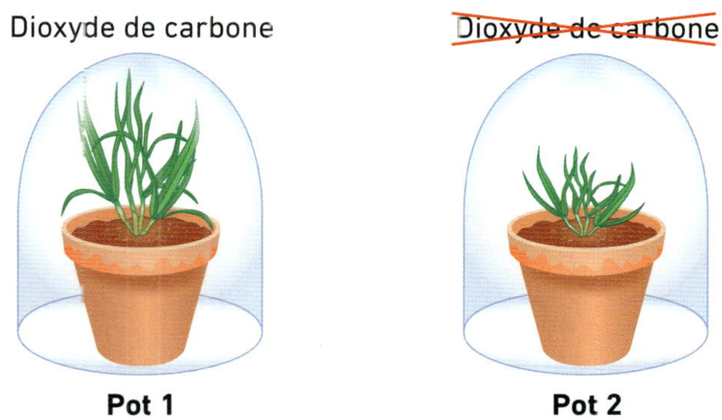

DOC 3 **Un élément nutritif invisible mais indispensable**

Activités

- Comment as-tu pu montrer que la plante fabriquait de la matière organique (**doc. 1**) ?
- En utilisant les **doc. 2** et **3**, fais la liste des éléments indispensables à la plante pour grandir et se développer.

Je conclus

Rédige une phrase qui indique les éléments nécessaires à une plante verte pour produire de la matière organique.

VOCABULAIRE

- **la croissance :** augmentation de la taille et de la masse d'un organisme.
- **le développement :** ensemble des changements subis par un organisme vivant au cours de sa vie jusqu'à sa mort.
- **le dioxyde de carbone :** gaz incolore, inodore contenu dans l'atmosphère.

32 Protéger mon jardin en attirant les insectes

Je m'interroge !

Afin de réussir son potager sans utiliser de produits, il est important de connaitre les interactions entre les espèces présentes. **Comment ces interactions peuvent-elles être favorables à nos cultures ?**

Je cherche, je réalise

- plant de fève envahi par une colonie de pucerons noirs.

- le puceron se nourrit de la sève qui circule dans la plante.

Le puceron noir est capable en quelques jours seulement d'affaiblir et de perturber la **croissance** d'un plant de fèves, de pommes de terre, de haricots ou de betteraves. Si le nombre de pucerons est trop important, cela peut même entrainer la **mort** de la plante.

DOC 1 Le puceron noir, un insecte redouté par les jardiniers

De nombreux **insectes** comme les coccinelles, les chrysopes, les syrphes se nourrissent de pucerons. En favorisant leur présence, on protège son jardin en limitant le nombre de pucerons présents.
D'autres insectes, au contraire, comme les fourmis, facilitent la présence des pucerons en les protégeant des prédateurs (qu'elles peuvent dévorer) et en les déplaçant sur les meilleures tiges. Elles agissent ainsi pour se nourrir d'une substance sucrée qui s'écoule de l'abdomen des pucerons : le miellat.

DOC 2 **Le puceron, un insecte qui attire les foules !**

Depuis plusieurs années, le nombre de coccinelles européennes diminue à cause d'une **espèce invasive** : la coccinelle asiatique. Elle prolifère depuis son introduction dans nos jardins et cultures pour lutter contre les pucerons.
La larve et l'adulte sont très **voraces** et quand elles n'ont plus de pucerons à manger, elles n'hésitent pas à s'attaquer aux coccinelles de nos régions.

● **larves et coccinelle asiatiques**

J'explique un phénomène à l'écrit.

En expliquant l'impact du choix de certains insectes à mettre dans les jardins, rédige une lettre pour convaincre ta mairie de choisir des coccinelles européennes pour protéger les plantations de ta ville.

DOC 3 **Se protéger de la coccinelle asiatique, une dangereuse vorace**

Activités

- Construis le réseau alimentaire des organismes vivants dans ce potager (**doc. 1** et **2**).

Je conclus

Explique à Clara pourquoi l'introduction de coccinelles européennes peut protéger le jardin d'Enzo.

VOCABULAIRE

● **une espèce invasive :** espèce introduite volontairement ou accidentellement dans un milieu dont elle était absente et dans lequel elle va se développer très vite, au détriment des autres êtres vivants.

33 Des épluchures qui se transforment en terre

Je m'interroge

Enzo ne comprend pas comment des épluchures vont permettre aux salades de mieux pousser.
Et toi, sais-tu comment on obtient du compost ?

Je cherche, je réalise

Pour fabriquer du **compost**, il faut accumuler au fil des mois des déchets de cuisine ou du jardin (épluchures, coquilles d'œufs, débris végétaux…). La **décomposition** de ces déchets se fait grâce à l'action d'êtres vivants qui vont s'en nourrir et les transformer en une sorte de terre sombre qui pourra être utilisée par les jardiniers pour améliorer les sols ou les enrichir en **éléments minéraux**.

un composteur dans un jardin

DOC 1 L'origine du compost

J'organise un espace de réalisation expérimentale

Le montage ci-contre est un piège permettant de récupérer les petits animaux présents dans le compost. Réalise le montage puis observe à l'aide d'une loupe les animaux tombés dans l'alcool.

cloportes

Matériel
- une lampe
- une bouteille opaque
- du compost
- du grillage fin
- de l'alcool à 70°
- une loupe

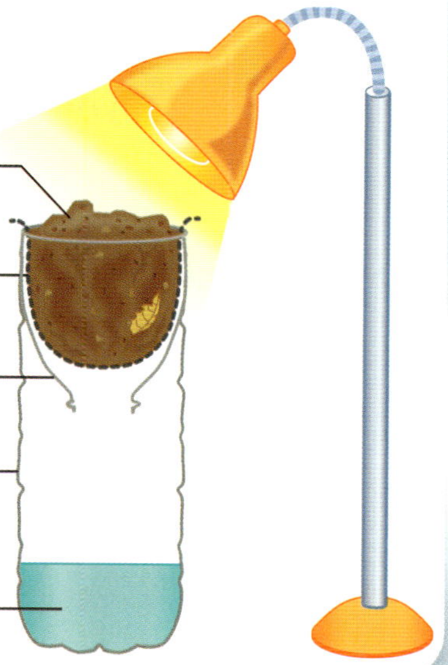

DOC 2 Découvrir les habitants dans du compost

pseudo-scorpion et sa proie

Les êtres vivants présents dans le compost dépendent les uns des autres pour leur nutrition.

êtres vivants	régimes alimentaires
lombrics	débris végétaux
cloportes	débris végétaux et animaux
lithobies	insectes, myriapodes, cloportes
acariens	acariens, insectes, débris végétaux

DOC 3 Le régime alimentaire des animaux du compost

Activités

- Explique l'origine du compost (**doc. 1**).
- Construis le réseau alimentaire du compost (**doc. 3**).

Je conclus

Explique comment les déchets végétaux se transforment en terre (compost).

VOCABULAIRE

- **le compost :** mélange de matière minérale et matière organique, utilisé comme engrais.
- **la décomposition :** c'est la transformation de la matière organique qui compose les êtres vivants en matière minérale, quand ils sont morts.

Je fais le bilan... par le texte

J'ai découvert :

- Les chaines et réseaux alimentaires
- Les besoins des plantes vertes pour vivre
- Le recyclage de la matière organique

29 Minouche a mangé mes cerises !

- Les animaux ont besoin de se nourrir d'autres êtres vivants pour vivre. Leur **régime alimentaire** dépend de l'origine des aliments qu'ils mangent.

30 Des plantes qui poussent sans terre !

- Pour vivre et grandir, les végétaux puisent l'eau et les **éléments minéraux** dont ils ont besoin, grâce à leurs racines, dans leur milieu (terre, coton, etc.).

31 Des plantes qui ne survivent pas aux vacances

- Pour se nourrir, les plantes vertes prélèvent également, grâce à leurs feuilles, le **dioxyde de carbone** présent dans l'air. La **lumière** est une condition indispensable à la vie des plantes vertes : sans lumière, les plantes meurent.

32 Protéger mon jardin en attirant les insectes

- Dans un environnement, la disparition ou l'introduction d'une espèce modifie les interactions alimentaires qui existent entre les espèces. Les connaissances sur les **réseaux alimentaires** permettent de surveiller les êtres vivants et de modifier les **interactions** pour favoriser la croissance des plantes du potager en éliminant naturellement les êtres vivants qui les dévorent !

33 Des épluchures qui se transforment en terre

- Les êtres vivants présents dans le sol ou dans un composteur sont responsables de la **décomposition** de la matière vivante en **matière minérale**.

Je me suis entraîné à :

- Proposer des expériences pour tester une hypothèse sur le développement des plantes.
- Exploiter un document pour comprendre les interactions entre les êtres vivants dans l'environnement.
- Émettre des hypothèses à propos des régimes alimentaires.

J'ai utilisé les mots :

- croissance
- décomposition
- dioxyde de carbone
- eau minéralisée
- éléments minéraux
- matière organique

Je fais le bilan... par l'image

L'origine et le devenir de la matière organique

Les échanges de matière

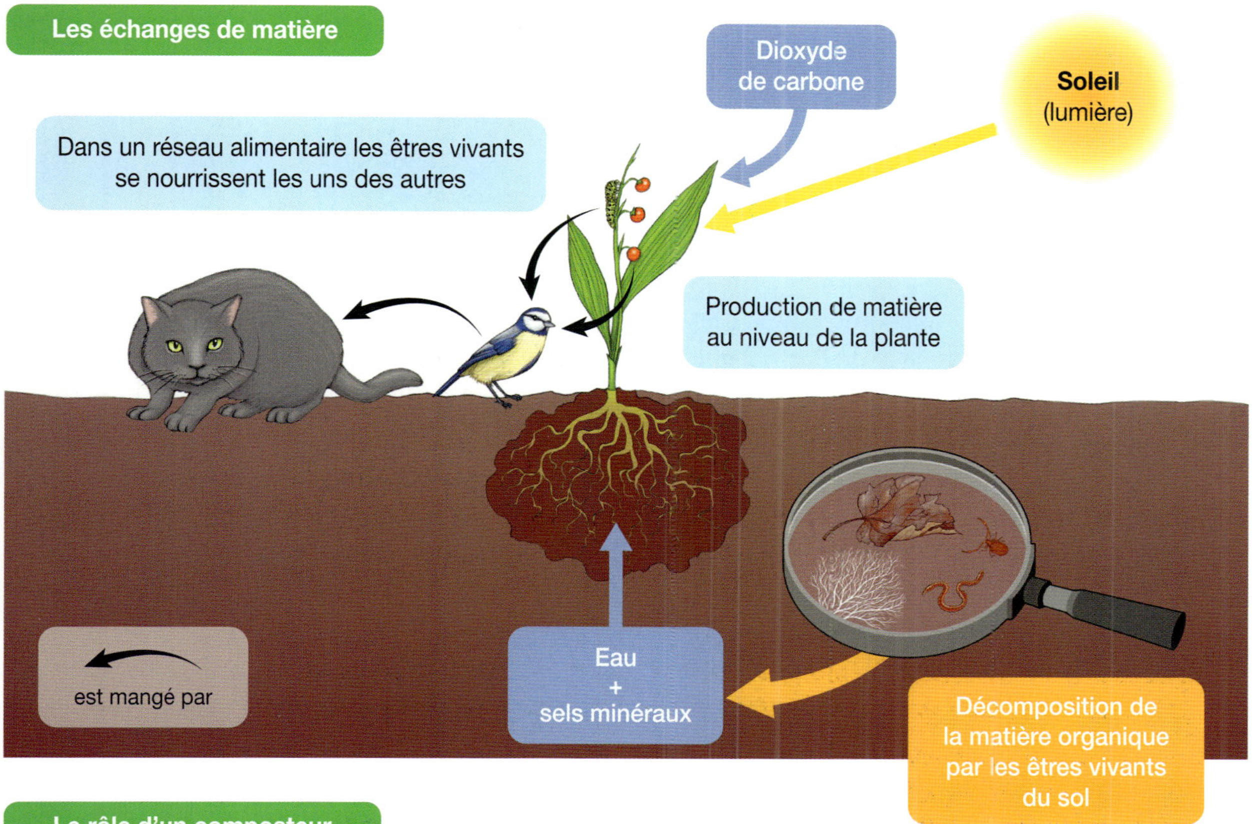

Le rôle d'un composteur

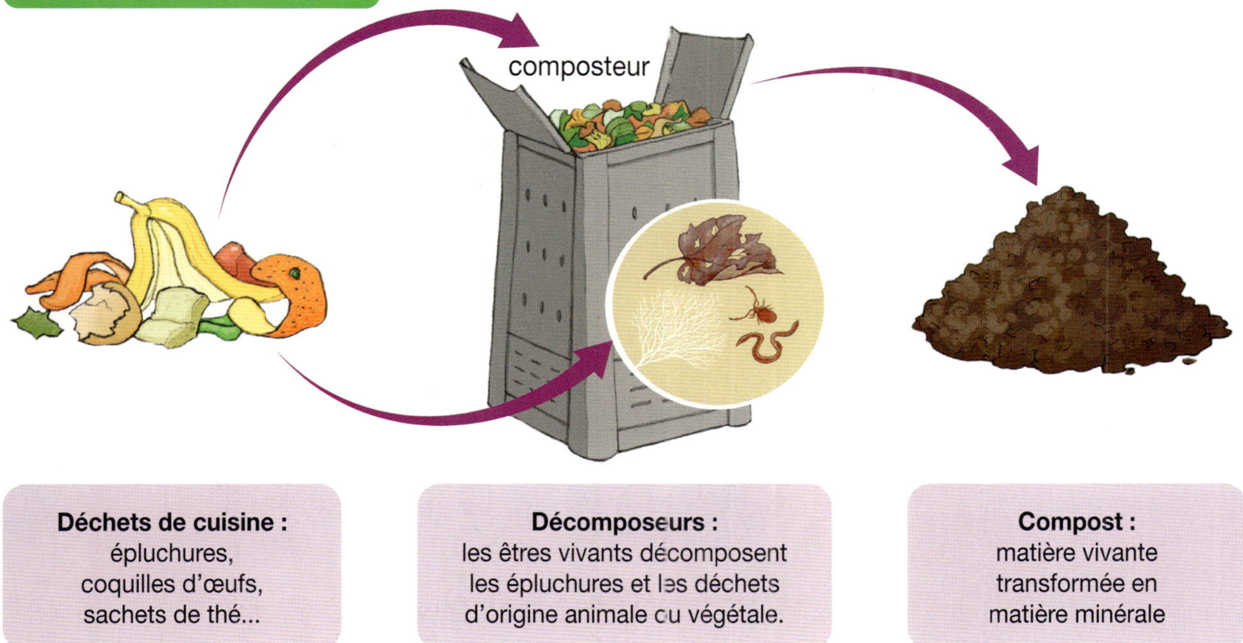

Projet 3

Contruisons un mur... végétal !

Quels besoins ?

Avant de commencer, je me pose les bonnes questions !

- **À quoi mes jardinières vont-elles servir ?**
- **Où va-t-on les mettre ?**
- **Comment rendre cet objet agréable visuellement ?**
- **Quelle doit être sa durée de vie ?**

Quelles plantes ?

Après avoir déterminé l'emplacement du mur de jardinières, il faut choisir les plantes en faisant des recherches ou en demandant à un professionnel.

- **Plante d'intérieur ou d'extérieur ?**
- **Quels types de fleurs, période et durée de la floraison ?**
- **Combien de fois cette plante doit-elle être arrosée ?**
- **Plante vivace ou annuelle ?**
- **Plante comestible ou non ?**

Quels matériaux ?

Pour choisir les bons matériaux, il faut connaitre leurs propriétés et identifier ceux répondant le mieux à nos besoins :

- **Résiste-t-il aux conditions extérieures (pluie, vent) ?**
- **Est-ce que je peux recycler des matériaux qui ont déjà servi ?**
- **Quel est le prix des matériaux à acheter ?**

Voyageons avec des gâteaux !

Thomas Pesquet jongle avec des macarons dans la station spatiale internationale

Sur la trace des gâteaux de voyage

Depuis l'Antiquité, les gâteaux de voyage existent ; ils traversent le temps : utilisés par les marins pour leur voyage en mer, les rois de France pendant leur chasse à courre... Un des gâteaux de voyage les plus connus est la madeleine, mais il en existe beaucoup d'autres comme le cake, le pain d'épices... Chaque région possède le ou les siens !

- **Quels critères doit remplir un gâteau pour être un gâteau de voyage ?**
- **Quels sont les gâteaux de voyage de ma ville, de ma région ou de mon pays ?**
- **Qu'apportent ces aliments comme éléments à notre corps ?**

La conservation des aliments

Lorsque les transports étaient longs et fastidieux, il fallait bien se distraire en route. C'est pour répondre à ce besoin que sont nés les gâteaux de voyage, à la fois bons, conservables et transportables.

- **Quels sont les différents modes de conservation ?**
- **À quoi sert la conservation ?**
- **Quels sont les risques d'une mauvaise conservation ?**
- **Que peut-on faire quand on voyage pour conserver les aliments ?**

Prépare un gâteau de voyage !

Après avoir choisi une recette, prépare les ingrédients mais, avant de te régaler, quelques règles s'imposent !

- **Pourquoi doit-on se laver les mains avant de manger ou de faire la cuisine ?**
- **Comment peut-on vérifier que les ingrédients d'une recette peuvent encore être consommés ?**

Ingrédients pour un quatre-quart au chocolat

- ✓ Farine : 180 g
- ✓ Sucre en poudre : 180 g
- ✓ Beurre demi-sel : 180 g
- ✓ Chocolat noir à pâtisser : 180 g
- ✓ Œufs : 3
- ✓ Levure chimique : 0,5 sachet

34 Des idées de génie

Je m'interroge

Récompensé en 2017 au concours des inventeurs, le concours Lépine, le guidon connecté Wink Bar peut t'aider dans tes déplacements et aussi à retrouver ton vélo si tu l'as égaré.
Et toi, sais-tu reconnaître une invention ?

Je cherche, je réalise

• La machine volante de Léonard de Vinci

Léonard de Vinci, célèbre peintre du XVIe siècle, qui réalisa le tableau de *La Joconde*, est aussi connu pour ses idées visionnaires dans le domaine militaire, de l'automobile ou des machines volantes.

Le **principe technique** de la machine ci-contre trouvera un écho, des années plus tard, dans la construction d'objets volants. Ses idées ont été à l'origine de nombreuses **inventions**.

DOC 1 Léonard de Vinci, un inventeur de génie !

Pour identifier les principales évolutions du besoin et des objets, je sais distinguer les inventions et les innovations.

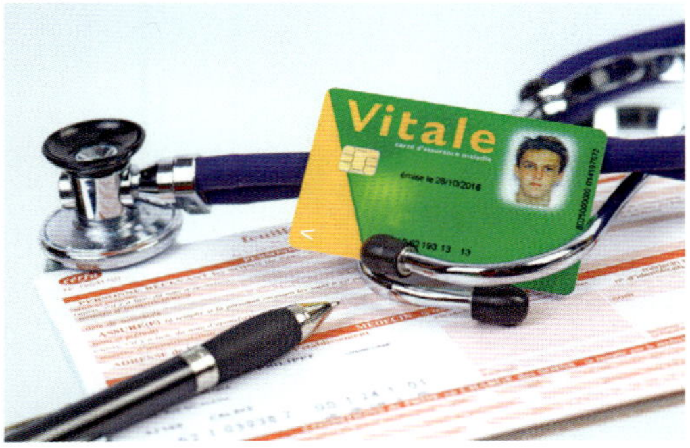

En 1958, Jack Kilby invente la **puce électronique** ; depuis de nombreux objets techniques (ordinateurs, smartphones...) possèdent ce composant. En 1974, le français Roland Moreno invente la carte à puce. La puce contient de nombreuses informations concernant le propriétaire. L'usage de certains documents comme les feuilles de remboursement de soins a été remplacé par celui de la carte à puce électronique, c'est une **innovation**.

DOC 2 Une invention qui a permis de nombreuses innovations

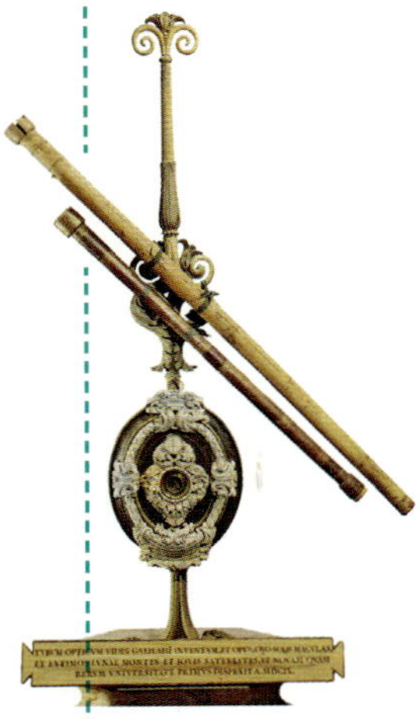

• La lunette astronomique

• La fusée spatiale

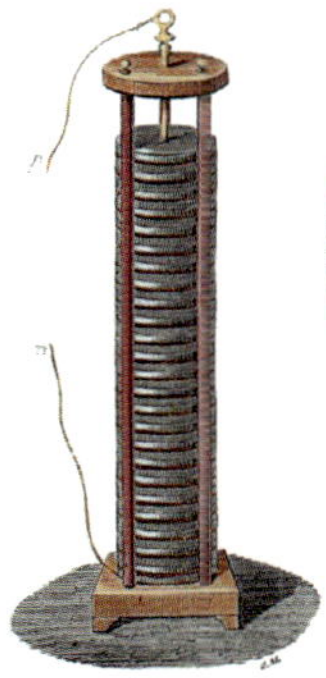

• La pile électrique

• Galilée

J'effectue des recherches bibliographiques

SOCLE

Effectue des recherches et relie chaque scientifique à sa réalisation. Indique s'il s'agit d'une invention ou d'une innovation.

• Alessandro Volta

• Robert H. Goddard

DOC 3 Conquérir l'espace en inventant et en innovant

Activités

- De quelle machine moderne la machine volante est-elle le précurseur ? Émet une hypothèse (**doc. 1**).
- Indique en quoi la carte à puce électronique est une invention. (**doc. 2**).
- Indique à quels besoins répondent les objets du **doc. 3**.

Je conclus

Explique la différence entre une invention et une innovation.

VOCABULAIRE

- **une innovation :** utilisation de principes techniques connus pour améliorer un objet.
- **une invention :** objet technique qui n'existait pas auparavant.
- **un principe technique :** manière dont fonctionne un objet.

35 Être à l'heure sans montre !

Je m'interroge

Pour connaitre l'heure, nous pouvons regarder notre montre ou l'écran d'un téléphone mobile.
Sais-tu comment les hommes et les femmes avant toi mesuraient le temps qui passe ?

Je cherche, je réalise

La position du Soleil dans le ciel donne une idée de l'heure et le **cadran solaire** le plus ancien serait égyptien et daterait de 3 500 ans. Le principe de cet **objet technique** est simple : il s'agit de mesurer, à l'aide de graduations, la longueur et l'orientation de l'ombre d'un bâton (appelé style ou gnomon).

un sablier ▶

une clepsydre

La clepsydre et le sablier répondent au **besoin** de mesurer des durées même quand le ciel est couvert.
En Occident, le premier **sablier** apparait au XIIIe siècle. Le sable qui s'écoule doit rester très sec : il faut donc un récipient hermétique. Les progrès de la verrerie ont rendu la fabrication des sabliers facile ; c'est une innovation technique.

DOC 1 Des objets qui mesurent le temps qui passe

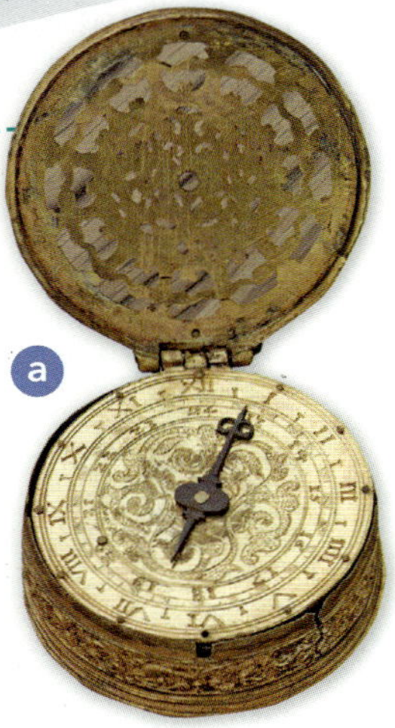

a

En 1370 apparait la première horloge mécanique. Le temps est alors mesuré par le mouvement de roues dentées actionnées grâce à un poids. Les premières horloges n'avaient ni cadran ni aiguilles : leur seule fonction était de sonner les heures.
Au XVIe siècle, les premières **montres** (a) sont inventées. Elles reprennent le principe de fonctionnement des horloges, mais les montres, elles, peuvent être emportées partout sans que leur fonctionnement ne soit perturbé.
De plus en plus précises, les montres peuvent être désormais étanches, inrayables ou connectées (b).

b

DOC 2 À chaque époque, sa montre

Je choisis le matériel adapté pour réaliser une production

À l'aide du matériel ci-dessous, construis un sablier qui permet de mesurer la durée de la récréation (15 min.).

Matériel

- ✓ deux bouteilles en plastique
- ✓ du sable, du sel, de la semoule
- ✓ un pistolet à colle, du scotch
- ✓ du carton
- ✓ une vrille
- ✓ un chronomètre
- ✓ un entonnoir

DOC 3 Construire un sablier pour la récréation

Activités

- Trouve à quel besoin répond l'invention du cadran solaire. Quels sont les inconvénients de son utilisation (**doc. 1**) ?
- Indique le (ou les) besoin(s) au(x)quel(s) répondent les inventions de la clepsydre (ou du sablier) et de la montre (**doc. 1** et **2**).

Je conclus

Replace sur une frise chronologique les objets techniques permettant de mesurer le temps et présentés ici.

VOCABULAIRE

- **un besoin :** ensemble de ce qui apparait comme désirable, nécessaire ou obligatoire à une personne.
- **un objet technique** : objet conçu et fabriqué par les humains afin de répondre à un besoin.

36 Quelle drôle de bicyclette !

Je m'interroge

Victoire de Warren Barguil au sommet de l'Izoard. 20 juillet 2017.

En 1875, arrive le « Grand Bi » doté d'une roue avant haute de 1,30 mètre et d'une roue arrière de 30 centimètres de diamètre, seule solution pour augmenter la vitesse de déplacement à l'époque. **Et toi, connais-tu l'histoire du vélocipède ?**

Je cherche, je réalise

a

• En 1817, un baron allemand, Karl Drais, invente la **draisienne**. Elle est composée d'une poutre en bois reliant deux roues. En juillet 1817, il parcourt avec sa machine 14,4 km en une heure par action de ses pieds sur le sol.

b

• En mars 1861, un jeune Parisien, Ernest Michaux, essaie la draisienne et se plaint du désagrément qu'il éprouve, une fois lancé, pour garder les jambes levées. Avec son père, artisan, il décide de perfectionner la draisienne en l'équipant d'un repose-pieds sur la roue avant, appelé « pédivelle », et qui deviendra la **pédale**. Mais le système n'est pas très stable.

DOC 1 De drôles de vélos

La première **bicyclette**, avec des roues de diamètres égaux et une chaine qui transmet le mouvement du pédalier vers la roue arrière, est créée en 1879. Pour améliorer le confort, J. Dunlop invente le pneumatique en 1888. Édouard Michelin perfectionne cette invention grâce à la chambre à air. À la fin du XIXe siècle, les vélocipèdes ressemblent beaucoup aux bicyclettes actuelles. Il leur manque encore le changement de vitesses qui fera son apparition au début du XXe siècle.

DOC 2 **L'apparition de la chaine de vélo, 60 ans après la première draisienne**

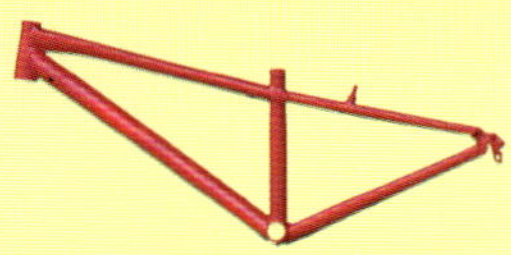 Cadre vélo aluminium	 Cadre vélo titane	 Cadre vélo carbone
• **matériau** très utilisé pour la conception de cadres légers • léger • prix abordable • résistance aux chocs moyenne	• matériau le plus utilisé pour la conception d'un vélo sur mesure • très léger • métal le plus cher • excellente résistance aux chocs	• matériau le plus utilisé dans la fabrication des cadres de vélo • très léger et peut être conçue dans une multitude de formes • prix élevé • résistance aux chocs faibles

J'identifie les évolutions des besoins et des objets techniques dans leur contexte

Aide Clara à choisir son cadre de vélo. Elle veut un cadre peu couteux, résistant aux chocs et léger.

DOC 3 **Choisir son cadre de vélo en fonction de ses besoins**

Activités

- Replace les innovations (**doc. 1** et **2**) sur une frise chronologique.
- Dans un tableau, compare les différents cadres de vélo (**doc. 3**) grâce à leur prix, leur poids et leur résistance aux chocs.

Je conclus

Décris les étapes qui ont permis d'arriver au vélo actuel.

VOCABULAIRE

- **un matériau** : matière que l'homme transforme pour en faire des objets.

Je fais le bilan ... par le texte

J'ai découvert :

- De grands inventeurs
- La différence entre invention et innovation
- L'évolution d'objets techniques au cours du temps

34 Des idées de génie

- Les **objets techniques** sont fabriqués pour répondre aux besoins des utilisateurs. Les objets techniques évoluent pour s'adapter aux changements de la société, notamment grâce aux innovations technologiques.
- Une **invention** est la création d'un objet qui n'existait pas avant alors qu'une **innovation** est l'amélioration d'un objet, d'un procédé qui prend en compte une nouvelle invention.

35 Être à l'heure sans montre !

- Les objets techniques sont fabriqués pour répondre aux **besoins** des utilisateurs. Au cours du temps, les objets évoluent afin de satisfaire les nouveaux besoins des êtres humains : des **inventions** et des **innovations** apparaissent.

36 Quelle drôle de bicyclette !

- Le vélo a bénéficié de nombreuses innovations depuis sa création. Les **innovations** peuvent être liées à un **besoin** nouveau (aller plus vite, faciliter le déplacement), ou à la découverte de nouveaux **matériaux** (le pneumatique, l'aluminium, le carbone).

Je me suis entraîné à :

- Effectuer des recherches sur les inventions et les innovations technologiques.
- Réaliser un objet technique répondant à un besoin en choisissant le matériel adapté.
- Extraire les informations pertinentes d'un document pour associer les inventeurs à leur invention.
- Repérer les évolutions d'un objet, les évolutions d'un besoin sur une frise chronologique.

J'ai utilisé les mots :

- besoin
- innovation
- invention
- matériau
- objet technique

Je fais le bilan… par l'image

L'évolution des objets

Les objets techniques évoluent pour répondre à nos besoins

Les grandes inventions

Les innovations technologiques du vélo

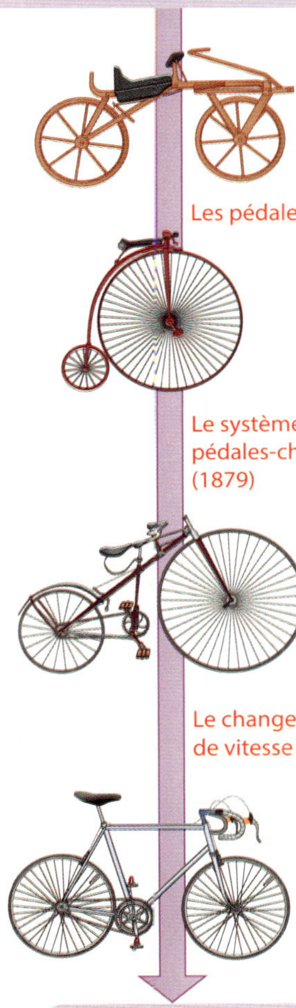

Draisienne (1817)

Les pédales (1861)

Grand bi

Le système pédales-chaine-pignon (1879)

Bicyclette

Le changement de vitesse (vers 1900)

Vélo de course

et demain ?

37 Un drôle d'objet

Je m'interroge

Clara et Enzo sont intrigués par une petite cuillère retrouvée dans le tiroir de la cuisine.
Avec ses trous, elle ne sera pas utile pour manger la soupe.
Et toi, sais-tu à quoi peut servir cet objet ?

Je cherche, je réalise

Au néolithique (à partir de 6 000 avant J.C.), l'homme cherche à satisfaire de nombreux besoins comme « se déplacer » ou « se nourrir ». Il invente et développe l'agriculture et l'élevage.

Autrefois, comme aujourd'hui, les objets fabriqués par l'homme dans un but utilitaire sont des **objets techniques**.

DOC 1 Des besoins à satisfaire au quotidien

Pour décrire le fonctionnement d'objets techniques, leurs fonctions et leurs constitutions, je sais identifier besoin et fonction d'usage.

Autrefois, pour « stocker de l'eau », les hommes utilisaient des amphores (a) afin de répondre facilement au besoin de « se désaltérer ». Aujourd'hui, nous utilisons des bouteilles (b) ou des gourdes (c).

Le service rendu à l'utilisateur par l'objet technique est appelé une « **fonction d'usage** ». La fonction d'usage répond à la question : « À quoi sert l'objet technique ? » Ici, il sert à « stocker de l'eau ».

DOC 2 Différence entre la fonction d'usage et le besoin

Je sais décrire les fonctions d'un objet technique

Retrouve et écris les fonctions d'usage des objets techniques utilisés par l'Orchestre des objets trouvés, avant leur reconversion en instruments de musique.

Luke Cresswell et Steve McNicholas sont les auteurs du spectacle STOMP interprété par l'Orchestre des objets trouvés.

Tous les instruments de musique sont des objets récupérés : une scie est utilisée comme un violon ; des poubelles servent de tambours ; des cônes de signalisation routière deviennent des trompettes ; un lit se transforme en harpe…

DOC 3 Trouver les fonctions d'usage d'objets du quotidien

Activités

- Relève les autres besoins éprouvés par les humains représentés dans le **doc. 1** et les objets techniques qui permettent d'y répondre.
- Pour chaque objet technique (**doc. 2**), énonce d'abord la fonction d'usage et précise ensuite le besoin satisfait.
- En t'inspirant du **doc. 3**, propose d'autres exemples d'objets techniques pouvant aussi être utilisés comme instruments de musique.

Je conclus

Identifie le besoin auquel répond cette cuillère et cite sa fonction d'usage.

VOCABULAIRE

- **une fonction d'usage :** ce à quoi sert l'objet technique. Exprimée à l'aide d'un verbe à l'infinitif suivi d'un complément.

38 À chacun ses gouts

Je m'interroge

Clara et Enzo n'ont pas les mêmes gouts y compris pour choisir une voiture. **Comment ferais-tu pour choisir parmi plusieurs objets techniques ayant la même fonction d'usage ?**

Je cherche, je réalise

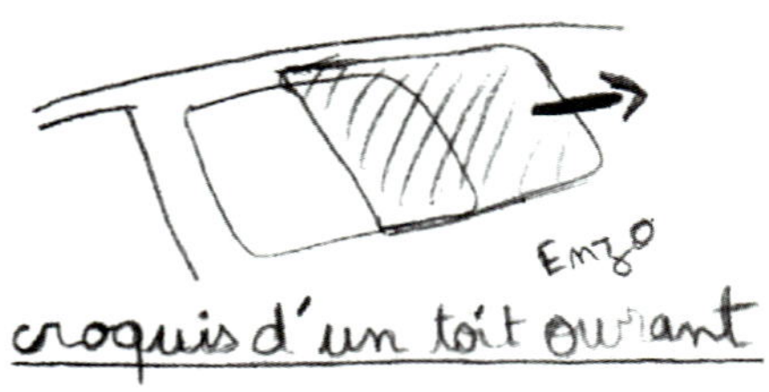

À l'aide d'un **croquis**, Enzo représente le mouvement d'un toit ouvrant opaque permettant à la fois d'aérer et d'éclairer naturellement l'habitacle d'une voiture ; ce qui est « agréable ».

Un **designer** a réalisé le croquis d'une voiture de sport « puissante et rapide ».

DOC 1 Un bon croquis vaut mieux qu'un long discours...

Pour décrire le fonctionnement d'objets techniques, leurs fonctions et leurs constitutions, je sais définir la fonction d'estime.

a

b

Ces deux scooters assurent la même **fonction d'usage** mais le père d'Enzo préfère le modèle (a) car il suscite un sentiment de sécurité alors que la mère de Clara choisit le modèle (b) car il lui procure une réelle sensation de liberté.
Pour être choisi et conservé par l'utilisateur, l'objet technique doit provoquer un désir, procurer des sensations ou susciter des sentiments appelés **fonctions d'estime**. Les fonctions d'estime sont déterminées en répondant à la question : « En quoi doit plaire l'objet technique ? ».
Par exemple, le scooter (a) doit « susciter un fort sentiment de sécurité » ; « susciter un fort sentiment de sécurité » est sa fonction d'estime.

DOC 2 Une sensation de liberté ou un sentiment de sécurité...

Je sais rendre compte en utilisant un vocabulaire précis

SOCLE

Classe les fonctions citées ci-contre en deux listes distinctes selon qu'elles désignent un service à rendre, ou plutôt un désir à provoquer, une sensation à procurer ou un sentiment à susciter.

Une fonction d'estime, comme une fonction d'usage, est toujours décrite par un verbe à l'infinitif suivi d'un complément (au moins).

Se déplacer sur de longues distances ; Afficher une couleur agressive ; Conserver un liquide ; Émettre un son agréable ; Éclairer un bureau ; Répandre une odeur apaisante ; Couper un aliment ; Se protéger des intempéries ; Diffuser une lumière chaleureuse ; Tracer un cercle sur du papier ; Communiquer à distance.

DOC 3 Différencier la fonction d'usage et la fonction d'estime

Activités

- Explique comment certaines formes et parties de la voiture de sport du **doc. 1** la rendent « puissante et rapide ».
- Énonce une fonction d'estime du scooter (b) du **doc. 2**.
- Propose d'autres exemples de fonction d'estime pour compléter la liste établie à partir du **doc. 3**.

Je conclus

Explique pourquoi Clara et Enzo ne choisissent pas la même voiture, et détaille ce qui les différencie (formes, couleurs, parties...).

VOCABULAIRE

- **un designer :** professionnel en charge de la création d'objets techniques.
- **une fonction d'estime :** ce en quoi doit plaire l'objet technique. Elle est exprimée à l'aide d'un verbe à l'infinitif suivi d'un complément.

39 Faire du vélo à roulettes

Je m'interroge

La fonction d'usage d'une bicyclette est de se déplacer grâce à sa propre énergie.
Sais-tu comment Rémi qui n'a pas encore l'équilibre arrive à utiliser une bicyclette ?
Cela change-t-il la fonction d'usage de la bicyclette ?

Je cherche, je réalise

Plusieurs **fonctions techniques** sont nécessaires pour permettre au vélo de réaliser sa fonction d'usage : diriger, mettre en mouvement, ralentir-arrêter, accueillir le cycliste, se signaler de l'arrière, émettre un signal sonore, protéger des éclaboussures…

De plus pour apprendre à faire du vélo, on peut ajouter à la bicyclette des stabilisateurs (a) appelées « petites roues ». La fonction d'usage de ces « petites roues » est de « stabiliser le vélo » pour permettre au cycliste d'avancer sans tomber.

Achetée dans le commerce séparément du vélo, cette **solution technique** (b) à monter soi-même ajoute donc au vélo une fonction technique supplémentaire.

DOC 1 Des stabilisateurs pour le vélo

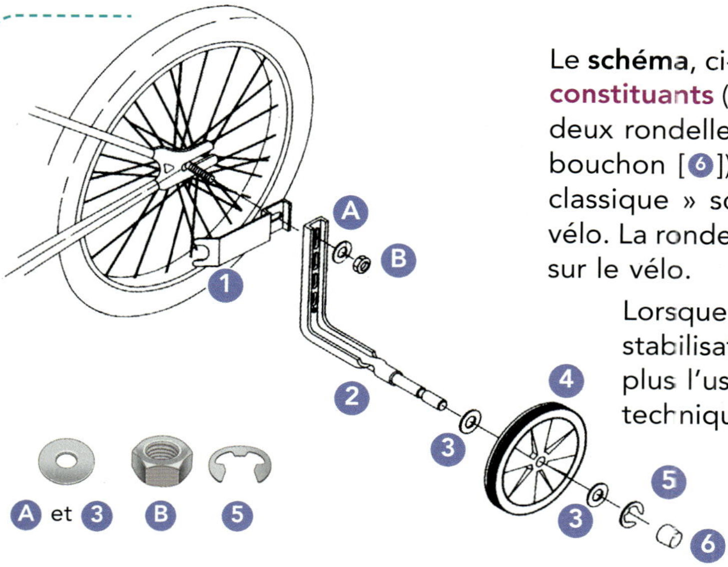

Le **schéma**, ci-contre, représente comment les différents **constituants** (une patte de fixation [1], une équerre [2], deux rondelles [3], une roue [4], un circplip [5] et un bouchon [6]) de la solution technique « stabilisateur classique » sont assemblés entre eux et rattachés au vélo. La rondelle (A) et l'écrou (B) sont déjà disponibles sur le vélo.

Lorsque Rémi pourra maitriser seul l'équilibre, les stabilisateurs seront retirés du vélo car il n'en aura plus l'usage : la fonction technique et la solution technique associée deviennent alors inutiles.

DOC 2 Le schéma de montage d'un stabilisateur

Certains stabilisateurs sont dotés d'une solution technique complémentaire comme des suspensions.

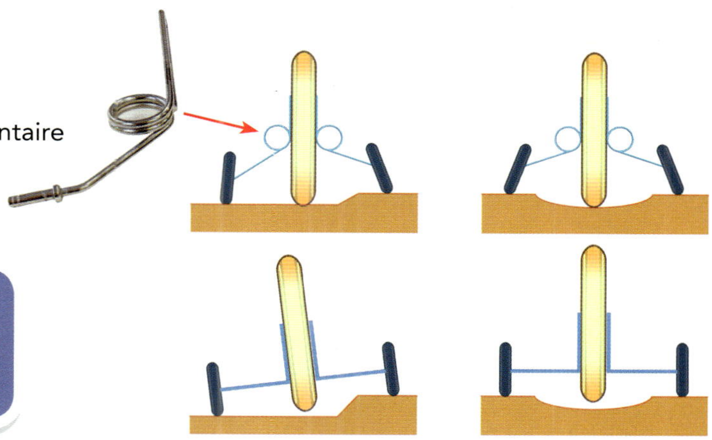

Je sais extraire des informations pertinentes

À l'aide des schémas ci-contre, explique pourquoi les stabilisateurs classiques (en bas) sont moins efficaces que les stabilisateurs à suspension (en haut).

DOC 3 Choisir la meilleure solution technique

Activités

- À partir des **doc. 1** et **2**, indique la fonction technique assurée par un stabilisateur.
- Établis la liste détaillée des constituants nécessaires pour stabiliser le vélo (**doc 2**).
- À partir des **doc. 1** et **3**, nomme la fonction technique du vélo qui nécessite le contact permanent de la roue arrière avec le sol.

Je conclus

Explique en quoi l'utilisation de roulettes modifie ou ne modifie pas la fonction d'usage du vélo de Rémi.

VOCABULAIRE

- **un constituant :** élément qui compose une solution technique ou ses organes.
- **une fonction technique :** ce que doit faire l'objet technique pour assurer ses fonctions d'usage et d'estime.
- **une solution technique :** manière dont est faite une fonction technique.

40 Chômage technique !

Je m'interroge

Clara aide Enzo à comprendre comment assembler les différentes parties de son vélo.
Et toi, de quelles informations aurais-tu besoin pour aider Enzo ?

Je cherche, je réalise

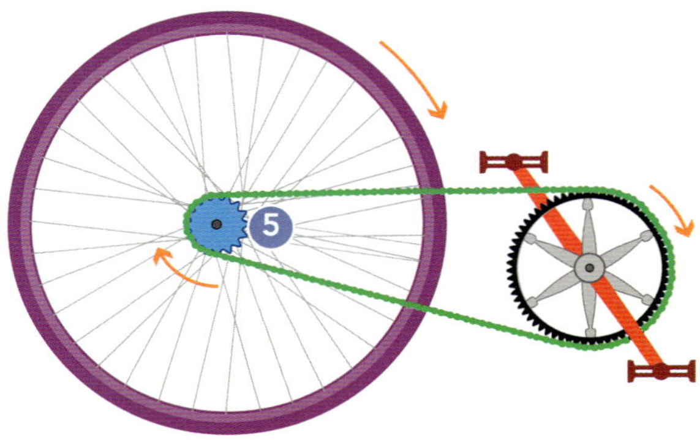

Vue de la droite du vélo
le sens de rotation est celui des aiguilles d'une montre

Sur le schéma de la solution technique qui réalise la fonction « Mettre en mouvement », Clara et Enzo identifient six **organes** permettant le fonctionnement suivant : « *le cycliste appuie sur les pédales* (1) *qui font tourner le pédalier* (2) *qui fait tourner le plateau* (3) *qui entraine la chaine* (4) *qui fait tourner le pignon* (5) *qui fait tourner la roue-arrière* (6) *; et le vélo avance…* »

DOC 1 « Mettre en mouvement », une fonction technique commune à tous les moyens de transport

Pour être facilement réparés ou changés, la plupart des organes et des constituants sont assemblés à l'aide de différentes vis : hexagonale (a) ou à 6 pans (b) ou à tête fendue (c) ; un écrou est monté sur la vis (a).

- tournevis plat

- clef à 6 pans

- pince multiprise

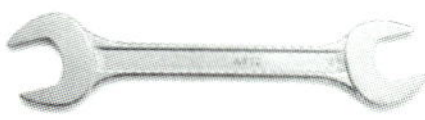

- clef plate

- clef à molette

Pour visser ↻ Pour dévisser ↺

Les échelles ne sont pas respectées

DOC 2 À chaque situation, son outil !

Exploiter un document constitué de divers supports

À l'aide de la notice de montage, trouve dans quel sens visser la pédale gauche et reprendre ainsi le montage du vélo. Propose une hypothèse expliquant le sens de vissage inversé de cette pédale.

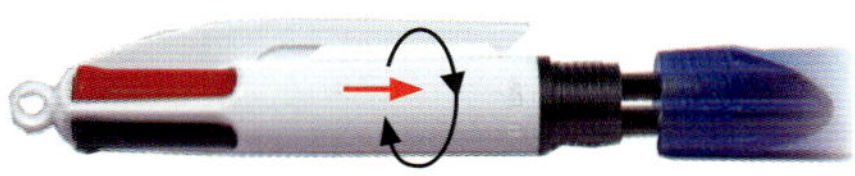

Le **filetage** (ou rainure) d'un stylo permet de visser la partie blanche dans le sens des aiguilles d'une montre ; ce filetage est orienté comme celui de la pédale droite.

Vues de la gauche du vélo, les pédales tournent dans le sens inverse des aiguilles d'une montre.

Extraits de la notice

Le filetage de la pédale gauche est inversé par rapport à celui de la pédale droite.

Manivelle gauche

Sens du vissage Pédale gauche

Les proportions ne sont pas respectées

DOC 3 Décrire le montage d'une solution technique ou d'un de ses organes

Activités

- Reproduis le schéma du **doc. 1** en y ajoutant toutes les légendes.
- Choisis l'outil ou les outils permettant de visser et de dévisser chaque vis décrite dans le **doc. 2**, et de serrer la pédale gauche du **doc. 3**.

Je conclus

Trouve les informations que les notices fournissent à l'utilisateur lors du montage d'un objet technique.

VOCABULAIRE

- **le filetage :** rainure creusée sur une vis.
- **un organe (pour un objet technique) :** assemblage de constituants ; une solution technique est composée d'un ou de plusieurs organes.

Je fais le bilan ... par le texte

J'ai découvert :

- Le besoin, la fonction d'usage et la fonction d'estime
- La représentation d'un fonctionnement d'un objet technique
- Les solutions techniques et les constituants d'un objet

37 Un drôle d'objet

- Les **objets techniques** sont fabriqués par les humains pour répondre à leurs besoins (exemples : se chauffer, se déplacer...). L'utilité d'un objet est sa f**onction d'usage**, exemple pour tous les utilisateurs confrontés au même besoin.

38 À chacun ses gouts

- Ce qui fait préférer un objet technique est sa **fonction d'estime**, différente selon les gouts des utilisateurs.

39 Faire du vélo à roulettes

- Afin de comprendre le fonctionnement d'un objet technique, il faut d'abord identifier toutes ses fonctions ; ses **fonctions d'usage**, ses fonctions d'estime ainsi que ses **fonctions techniques** et les solutions techniques mises en œuvre.

40 Chômage technique !

- Pour intervenir sur un objet technique, il faut d'abord analyser ses fonctions techniques, comprendre le fonctionnement des **solutions techniques** et le rôle de ses différents organes.

Je me suis entraîné à :

- Identifier les fonctions assurées par les objets techniques.
- Utiliser des modes de représentation formalisés, le schéma et le croquis.
- Décrire le fonctionnement d'objets techniques, leurs fonctions et leurs constitutions.

J'ai utilisé les mots :

- besoin
- constituant
- fonction d'estime
- fonction d'usage
- fonction technique
- objet technique
- solution technique

Je fais le bilan ... par l'image

Pour décrire un objet technique existant, il faut s'interroger ...

Les questions à se poser	Chaque réponse permet de définir
À quoi sert l'objet technique ?	sa ou ses fonctions d'usage
En quoi doit plaire l'objet technique ?	sa ou ses fonctions d'estime
Que doit faire l'objet technique ?	ses fonctions techniques
Comment est fait l'objet technique ?	ses solutions techniques
De quoi sont faites les solutions techniques ?	leurs organes
De quoi est fait un organe ?	ses constituants

Un hoverboard sert à se déplacer

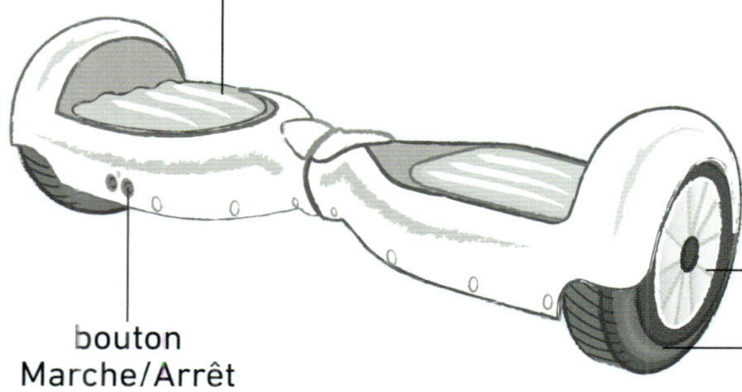

Un croquis d'hoverboard

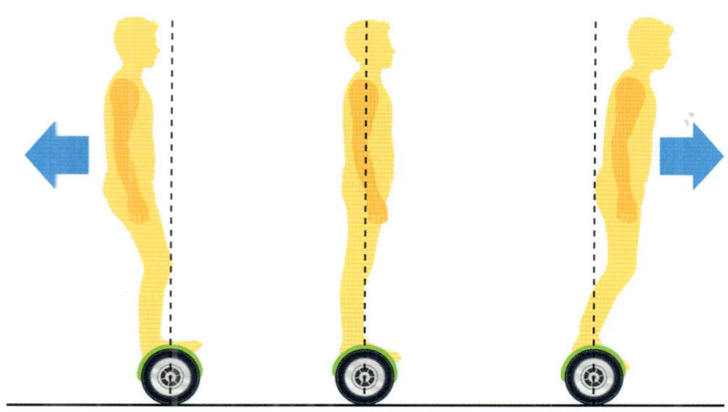

Schéma de la fonction technique :
Mettre en mouvement

41 De bois, de brique ou de broc ?

Je m'interroge

Actuellement, le bois est revenu à la troisième place des **matériaux** les plus utilisés dans la construction des maisons.
Pourquoi les constructeurs de bâtiments privilégient-ils de plus en plus le bois ?

Je cherche, je réalise

Lors de la démolition d'une maison traditionnelle, la quantité de déchets obtenue est considérable. Certains peuvent être triés : les matériaux **céramiques** comme les briques, les tuiles, les gravats, d'une part et les matériaux **métalliques** comme des tiges d'acier, d'autre part.

Lors de la démolition d'une maison en bois, la récupération des matériaux est plus simple. Certaines poutres sont réutilisées pour d'autres ouvrages. De plus, au bout de plusieurs années, on ne retrouve plus aucune trace de déchets car le bois est un matériau **organique** biodégradable.

DOC 1 Le recyclage des matériaux de construction d'une maison

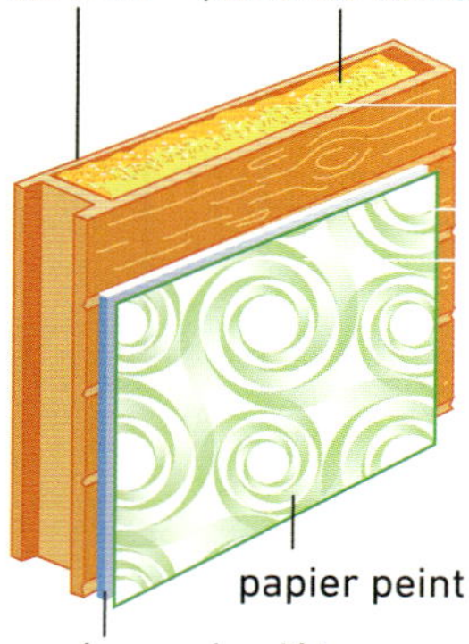

- **Isolation des murs d'une maison en bois**

On estime que les murs d'une maison classique bien isolée (en briques ou en bois) laissent échapper environ 16 % de sa chaleur. Les caractéristiques techniques de l'**isolant** (matériau qui permet de conserver la température intérieure d'un objet) sont déterminantes pour garantir à l'habitant un espace confortable et des économies d'énergie. Plus l'isolant est épais, plus il isole, mais plus le volume et la surface de la pièce s'en trouvent réduits.

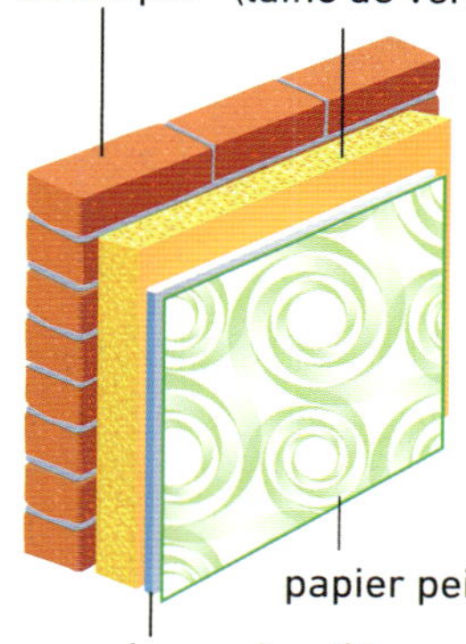

- **Isolation des murs d'une maison en briques**

DOC 2 L'isolation thermique d'une maison en bois et d'une maison en briques

Un isolant thermique sert aussi à maintenir l'intérieur d'une maison au frais, ce qui est intéressant l'été. Un des isolants les plus utilisés en construction est la **laine de verre**, qui est un matériau constitué de sable et de verre et qui ressemble à de la laine.

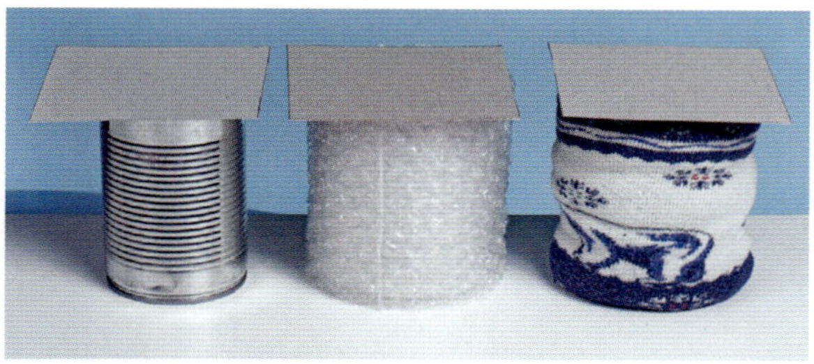

Je sais identifier les propriétés de matériaux

Avec le matériel proposé ci-dessous, réalise un montage expérimental pour aider Enzo à identifier le matériau le plus isolant.

Matériel
- des boites de conserve
- du carton
- de l'emballage à bulles
- un vêtement en laine (chaussette, écharpe)
- des glaçons
- un thermomètre

DOC 3 Comparer des isolants thermiques de qualités différentes

Activités

- Identifie les trois grandes familles de matériaux (**doc. 1**).
- Trouve quel type de construction privilégie le confort de l'habitation (**doc. 2**).
- Justifie l'utilisation de la laine de verre comme isolant, plutôt que du plastique (**doc. 3**).

Je conclus

Liste les avantages de l'utilisation du bois dans la construction d'une maison.

VOCABULAIRE

- **un matériau** : matière que l'homme transforme et façonne pour en faire des objets.

42 Des canettes à l'infini...

Je m'interroge

Les sodas sont souvent conditionnés dans des canettes en aluminium. On en consomme 4,7 milliards chaque année en France. **Sais-tu ce que deviennent ces canettes une fois vides ?**

Je cherche, je réalise

Pour obtenir des matières premières métalliques, le **recyclage** est beaucoup moins polluant et couteux que l'extraction des minerais. L'aluminium contenu dans une canette est pratiquement recyclable en totalité. On peut le recycler à l'infini !

De la collecte à la fabrication d'une nouvelle canette, le **cycle** s'effectue en moins de soixante jours.

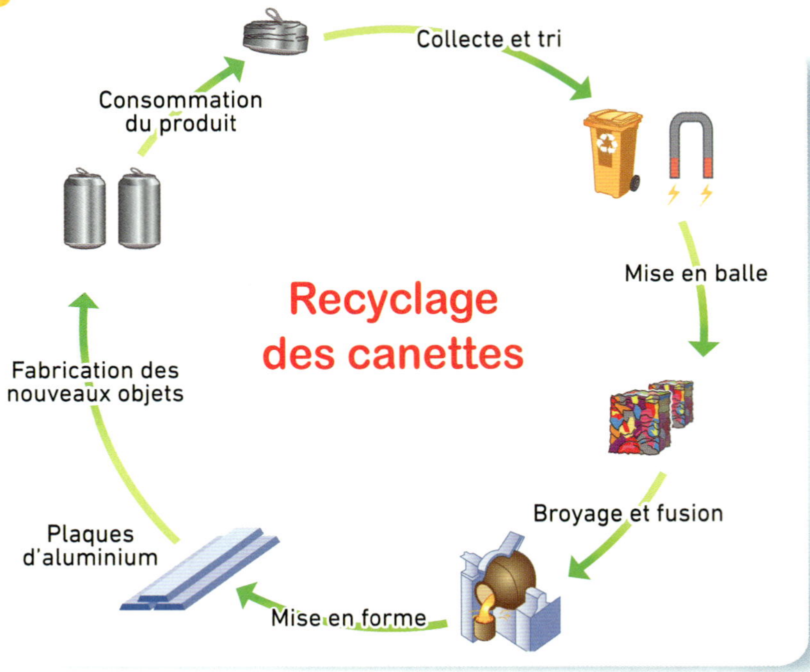

DOC 1 Le cycle de vie d'une canette

Certaines canettes sont fabriquées directement à partir d'un **alliage** avec de l'aluminium, qui est un métal extrait d'une roche appelée la bauxite. Les minerais proviennent de gisements dont l'exploitation peut provoquer des **dégâts** environnementaux importants (pollution des sols, etc.).

DOC 2 D'où vient l'aluminium ?

Une des étapes du recyclage des métaux est le tri des déchets. Un électroaimant permet de séparer les métaux ferreux des métaux non ferreux.

Matériel

- ✓ un clou de charpente (8 à 10 cm)
- ✓ une bobine de 1 m de fil de cuivre
- ✓ une pile de puissance 4,5 V

→ Enroule le plus régulièrement possible le fil de cuivre autour du clou.
(*Plus tu mets de fil bien serré, plus ton électroaimant sera puissant !*)

→ Relie les deux extrémités du fil de cuivre à la pile et teste ton électroaimant.

Je réalise tout ou une partie d'un objet technique répondant à un besoin

SOCLE

Avec le matériel proposé, fabrique un électroaimant pour retrouver, parmi les objets métalliques présentés, ceux contenant du fer.

DOC 3 Fabriquer un électroaimant

Activités

- Cite les avantages du recyclage des métaux (**doc. 1**).
- Pourquoi est-il important de préserver la matière première (**doc. 2**) ?

Je conclus

Rédige en deux phrases le cycle de vie d'une canette.

VOCABULAIRE

- **un alliage :** c'est un mélange de métaux.
- **le recyclage :** il s'agit d'une opération qui consiste à obtenir un nouveau matériau à partir d'un déchet.

43 Un septième continent ?

Je m'interroge

Dans l'océan Pacifique, à cause des courants marins, 30 millions de tonnes de déchets se rassemblent et constituent une surface grande comme six fois la France !
Sais-tu comment limiter cette pollution ?

Je cherche, je réalise

Combien de temps vivent nos déchets ?

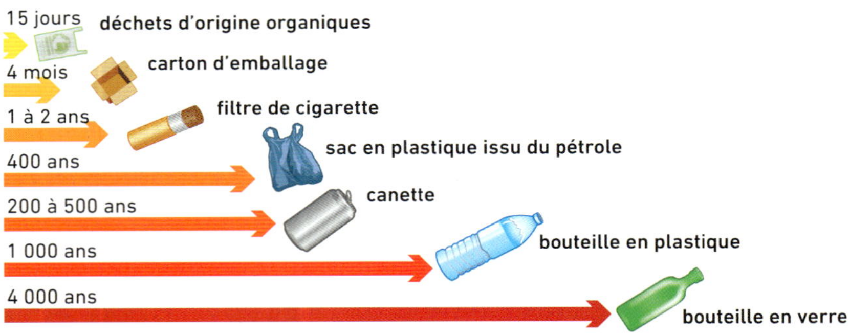

Grâce à une loi, depuis 2016, les sacs de caisse en matière plastique, à usage unique, sont interdits. En 2020, ce sera le tour des gobelets et des assiettes jetables en plastique. Progressivement, de la matière issue de végétaux (algues, fécule de pomme de terre, amidon de maïs…) remplace le pétrole dans la fabrication du plastique afin de le rendre **biodégradable**. En effet, un sac en amidon de maïs met deux semaines à disparaitre dans la nature alors qu'un sac en plastique issu du pétrole met quatre-cent-cinquante ans.

DOC 1 Des sacs biodégradables

Désormais, dans les stades ou les salles de spectacle, les gobelets en plastique sont **consignés** au prix de 1 €. L'usager garde son gobelet réutilisable tout au long de l'événement, puis il décide de le restituer en récupérant sa consigne ou de le garder en souvenir. Ainsi, le lieu reste propre !

DOC 2 Des gobelets consignés

Les **déchets** sont apportés vers un centre de **tri** où ils seront regroupés par catégorie, en fonction des différents matériaux, avant d'être envoyés au centre de **recyclage** pour être traités, puis transformés. Le traitement des déchets est différent selon leur matière : le papier et le carton sont mouillés puis séchés, le verre est broyé puis fondu, comme le plastique et les métaux. Certains déchets ne sont pas recyclables ; ils sont généralement brulés.

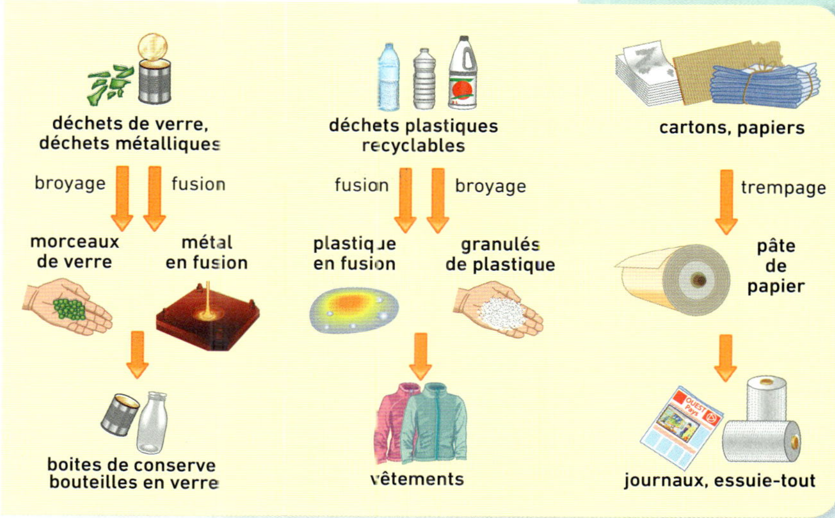

DOC 3 La seconde vie des déchets

Je mets en œuvre une action responsable et citoyenne

Le papier est constitué de cellulose issue de la transformation du bois. Pour le papier recyclé, c'est une autre histoire.

Pour limiter la consommation de papier et les déchets dans ton école, tu peux :
- relever toutes les actions possibles pour réduire les déchets de papier de l'école ;
- organiser une collecte de papier ;
- fabriquer du papier avec le matériel ci-contre ;
- instaurer une charte de l'éco-citoyen et la présenter à l'aide de ce nouveau papier.

Matériel
- du papier journal
- une bassine
- de l'eau
- deux morceaux de tissu
- deux planches de bois
- une paire de ciseaux

DOC 4 Adopter une démarche éco-citoyenne

Activités

- Pourquoi les sacs plastique à usage unique sont-ils désormais interdits (**doc. 1**) ?
- En quoi la mise en consigne des gobelets permet-elle de réduire les déchets (**doc. 2**) ?
- Recherche ce que deviennent les déchets une fois recyclés en t'aidant du **doc. 3**.

Je conclus

Explique l'affirmation suivante :
« Grâce au recyclage, les déchets peuvent avoir une seconde vie ! »

VOCABULAIRE

- **biodégradable :** matière qui se décompose et se transforme naturellement.
- **un déchet :** matière dont on n'a plus l'utilité immédiate.
- **le recyclage :** technique de réutilisation des déchets permettant de les introduire dans un cycle de production.
- **le tri :** répartition des éléments d'un ensemble à partir de critères définis.

Je fais le bilan ... par le texte

J'ai découvert :

- Les différentes familles de matériaux
- Quelques caractéristiques et propriétés des matériaux
- L'impact environnemental de certains matériaux

41 De bois, de brique et de broc

- Les **matériaux** sont répartis en trois grandes **familles** : les matériaux métalliques, céramiques et organiques.
- Les matériaux peuvent être identifiés grâce à certaines de leurs **propriétés** (par exemple, l'isolation thermique). Le matériau à retenir pour la fabrication d'un objet technique sera celui qui présentera les meilleures caractéristiques pour les **contraintes** données.

42 Des canettes à l'infini...

- Le prélèvement de matières premières nécessaires à la production d'un objet peut dégrader l'environnement et contribuer à l'épuisement des ressources naturelles.
- Le **recyclage** des déchets permet de réduire le prélèvement dans la nature. Le tri est une étape préalable au recyclage. Le tri des déchets s'effectue selon les propriétés des matériaux. Par exemple, seuls les matériaux métalliques ferreux sont attirés par un aimant.

43 Un septième continent ?

- Les déchets peuvent nuire à l'environnement lorsqu'ils sont rejetés sans précaution.
- Des actions éco-responsables sont menées pour prévenir ou réduire cette pollution.

Je me suis entraîné à :

- Effectuer des recherches concernant les propriétés des matériaux.
- Concevoir et réaliser des expériences pour tester les propriétés des matériaux.
- Extraire les informations pertinentes d'un document pour comprendre les principes du recyclage.
- Émettre des hypothèses à propos de l'impact sur l'environnement des différents matériaux.

J'ai utilisé les mots :

- matériau
- recyclage
- biodégradable
- déchet organique

Je fais le bilan ... par l'image

Le cycle de vie des objets

Matériaux bruts

- Métalliques
- Céramiques
- Organiques

Choix des matériaux en fonction de leurs propriétés (biodégradable, isolant...)

Fabrication d'objets

Nouveaux objets techniques

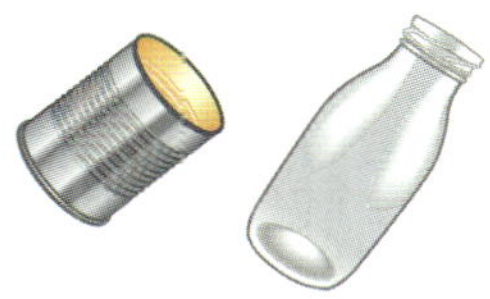

Utilisation des objets

Objets techniques usagés

Fin de vie des objets

Valorisation énergétique : transformation des déchets en énergie

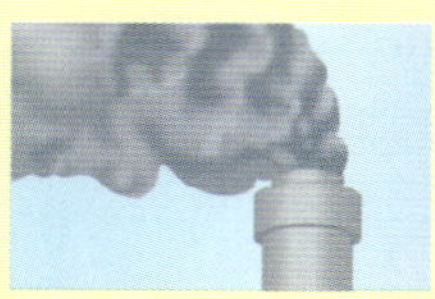

Nouveaux matériaux

Verre

Granulés plastiques

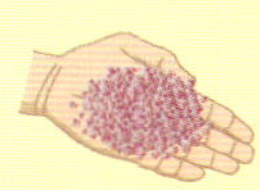

Plaques d'aluminium

recyclage - réutilisation

44 Jamais à court d'idées

Je m'interroge

Enzo et Clara doivent réaliser une maquette de pont en classe. Ils hésitent sur le nombre de voutes.
Et toi, sais-tu pourquoi certains ponts possèdent des voutes ?

Je cherche, je réalise

En classe, Enzo et Clara disposent chacun leur trousse à environ 15 cm de distance l'une de l'autre. Ils posent une grande feuille de papier (format A4) comme sur la photographie a ; puis ils déposent un surligneur au milieu de la feuille (photographie b).

a

b

DOC 1 Un problème technique

Pour concevoir et produire tout ou partie d'un objet technique, je sais identifier un problème technique.

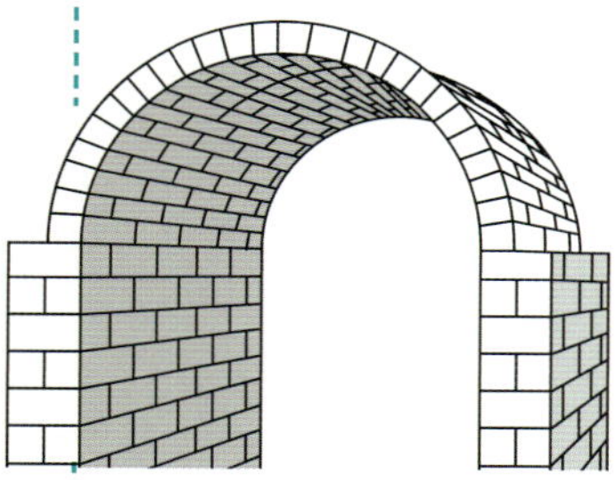

● Voute en berceau

Les églises de style roman sont constituées de **voutes en berceau**, petites et simples, qui offrent de faibles ouvertures car elles sont lourdes. Or lors de la **conception** des églises de style gothique, le constructeur prend davantage en compte des **contraintes** comme offrir un espace intérieur plus haut et des ouvertures à la fois plus larges et plus nombreuses. Il utilise alors une technique architecturale de **voute sur croisée d'ogives** grâce à laquelle le poids des pierres ne repose plus sur les murs mais sur quatre piliers. Les murs sont plus minces et peuvent être évidés pour faire place à des ouvertures plus grandes.

● Voute sur croisée d'ogive

DOC 2 Deux styles architecturaux différents

Je représente des objets techniques

Pour trouver des structures adaptées, tu peux utiliser un logiciel de modélisation.

Ici, on voit que le pont ⓐ encombre plus la rivière que le pont ⓑ.

- Le vert indique une résistance importante du pont au passage d'un train.
- L'orange indique une fragilité dans la structure.

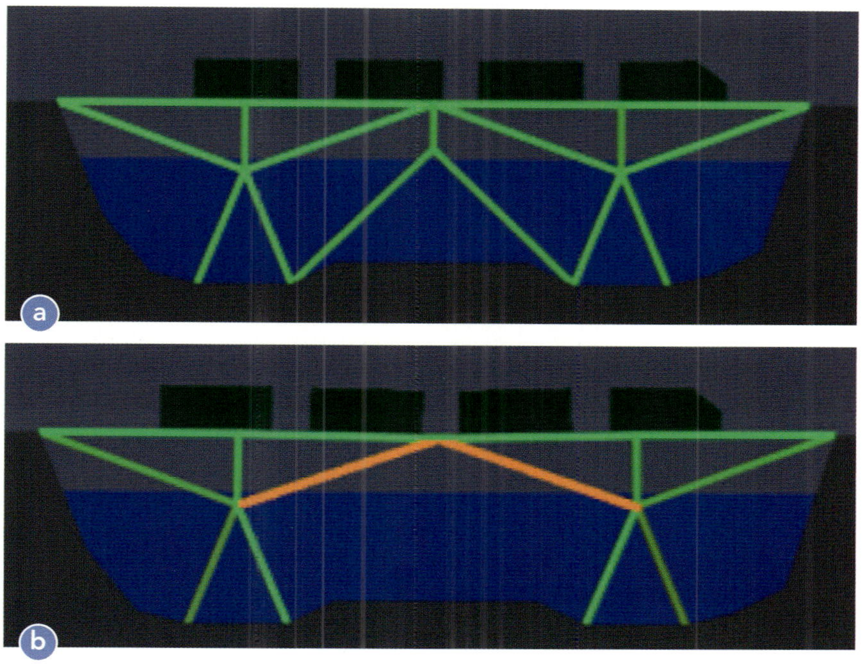

● Exemples de modèles de modélisation : Bridge Building Game

DOC 3 Modéliser un pont et simuler sa solidité

Activités

- En conservant à l'identique l'écartement des trousses et la disposition du surligneur, trouve une solution permettant à la feuille de porter le surligneur sans plier (**doc. 1**).
- À l'aide du **doc. 2**, indique les avantages de l'architecture gothique.
- Propose et dessine d'autres structures de pont à partir du **doc. 3**.

Je conclus

Explique pourquoi un pont peut comporter plusieurs voutes.

VOCABULAIRE

- **la conception :** c'est la recherche des solutions techniques permettant à l'objet de réaliser ses fonctions d'usage et d'estime.
- **une contrainte :** une obligation que l'objet technique doit respecter.

45 Du choix mais pas d'embarras

Je m'interroge

À l'école, Clara et Enzo doivent imaginer une maquette de pont capable de supporter une petite bouteille d'eau. **Et toi, quelle solution pourrais-tu proposer ?**

Je cherche, je réalise

Clara et Enzo effectuent des recherches et trouvent différents types de pont.

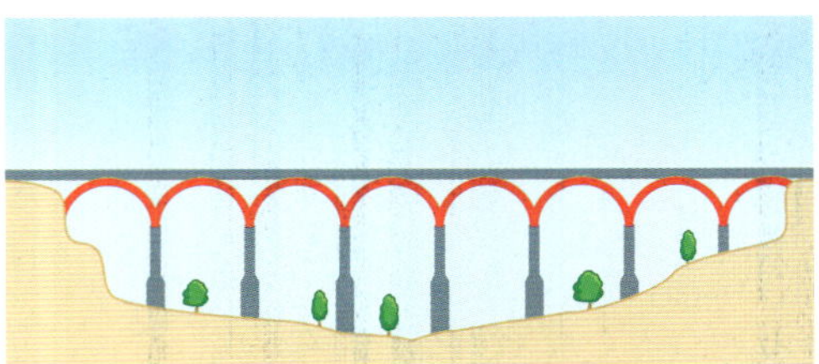

• pont à voûtes

• pont en treillis

• pont à haubans

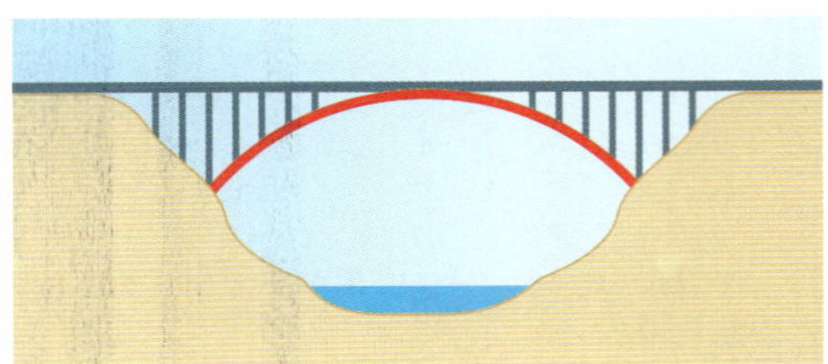

• pont en arc

DOC 1 Bien choisir parmi différents types de pont

Pour concevoir et produire tout ou partie d'un objet technique, je sais imaginer une solution technique.

Enzo et Clara ont opté pour un pont en treillis sans **piles** ; ils observent, sur la photographie ci-dessus, sa réalisation par assemblage d'éléments de triangles rectangles.

Sur la photographie, les points rouges représentent les fixations entre les différents triangles. Une fois fixés ensemble, les triangles procurent une grande solidité au pont.

DOC 2 Le triangle, structure de base du pont en poutre en treillis

Enzo a réalisé une **maquette** d'élément destinée à la fabrication des triangles d'un pont.

Réalisation d'un élément

1. Replie une feuille de papier A4 en 8 dans le sens de la longueur.
2. Place trois trombones ; un au milieu et un à chaque extrémité.

Je propose des expériences pour tester une hypothèse

On souhaite vérifier la solidité de l'élément. On teste deux orientations de l'élément.

Suspends la bouteille au trombone central et observe le comportement de l'élément.

DOC 3 Tester la résistance d'un élément

Activités

- En classe, il ne sera pas possible de placer des piles entre les deux tables. Identifie les ponts qui respectent cette contrainte (**doc. 1**).
- Schématise les ponts en treillis (**doc. 1** et **2**). Représente par des points rouges les fixations entre les triangles.
- Explique dans quelle orientation l'élément résiste le mieux au poids de la bouteille (**doc. 3**).

Je conclus

Propose une solution technique appropriée pour réaliser le pont de la classe.

VOCABULAIRE

- **une maquette :** sert à modéliser un objet technique et à tester certaines de ses fonctions.
- **une pile (ou pilier) :** en architecture, support vertical supportant une charge.

46 Il y a un temps pour tout

Je m'interroge

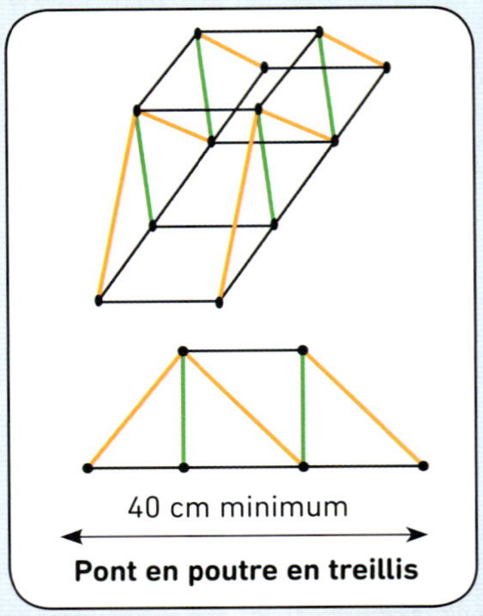

À l'école, Clara et Enzo vont débuter la fabrication du **maquette** du pont mais ils ne savent pas par où commencer. **Et toi, comment organiserais-tu la fabrication de cette maquette ?**

Je cherche, je réalise

Le professeur décrit la fabrication des montants (éléments verticaux en vert sur les schémas ci-dessus), des membrures (éléments horizontaux en noir) et des diagonales (éléments inclinés en orange) à partir de feuilles A4 recoupées en A5.

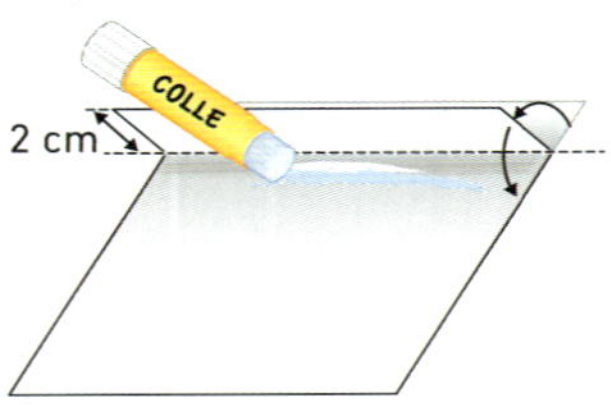

1 Replier la feuille sur 2 cm et coller sous le pli.

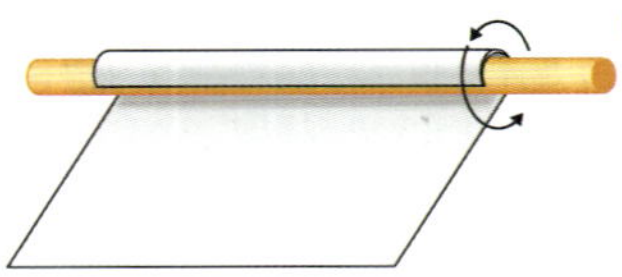

2 Enrouler la feuille sur un tube de diamètre de 1 cm.

3 Mettre de la colle sur les 3 derniers cm et finir d'enrouler.

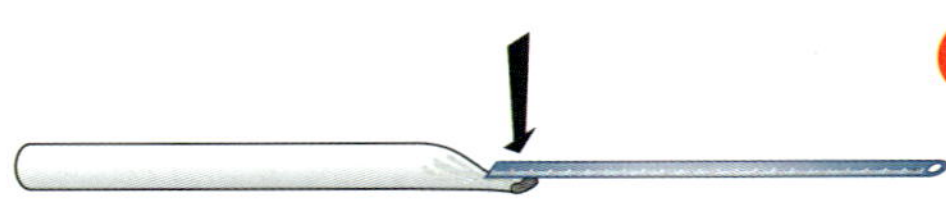

4 Aplatir chaque extrémité avec un réglet.

5 Après séchage, perforer chaque extrémité à la perforatrice.

Une diagonale est fabriquée à l'identique avec une seule feuille A4 enroulée sur sa largeur.
Une membrure est fabriquée à l'identique d'un montant.

DOC 1 La fabrication des montants verticaux, des membrures et des diagonales

Pour concevoir et produire tout ou partie d'un objet technique, je sais réaliser un prototype.

Enzo et Clara établissent un planning pour organiser la réalisation du pont. Le **planning** nomme toutes les étapes.

■ **Planning**

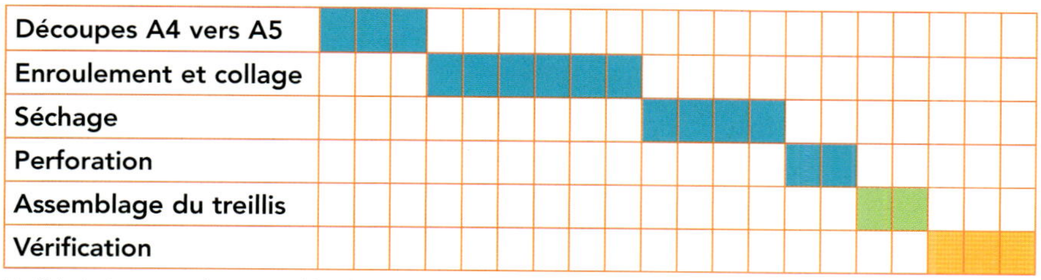

Unité de temps : 1 case = 5 minutes

Étape de façonnage — Étape d'assemblage — Étape de vérification

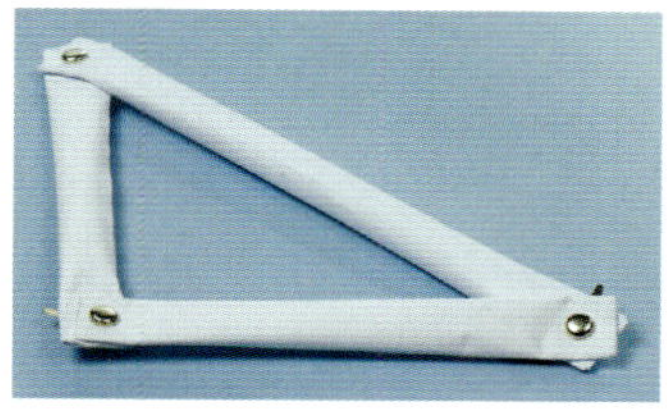

L'**assemblage du treillis** est effectué avec des attaches parisiennes.

DOC 2 Chaque chose en son temps…

J'interprète un résultat et en tire une conclusion

Après avoir inséré le **tablier** dans la structure, tu veux tester la solidité de la maquette de pont.

À l'aide d'un réglet, vérifie que la longueur du pont est bien supérieure à 40 cm. Remplis progressivement la bouteille afin de déterminer à l'aide d'une balance à partir de quelle masse d'eau le pont commence à fléchir.

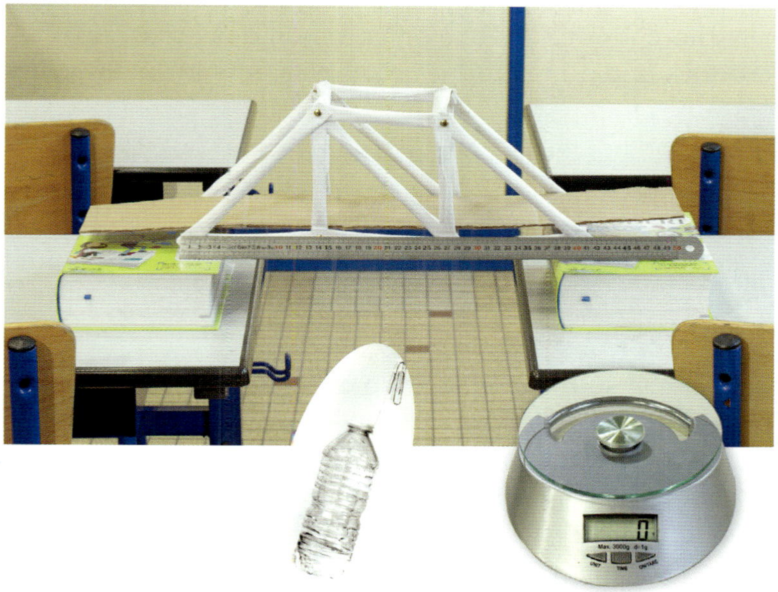

DOC 3 Vérifier et contrôler la maquette

Activités

- À l'aide du **doc. 1**, détermine la liste complète et détaillée du matériel et des matériaux nécessaires.
- Calcule la durée complète du processus décrit dans le **doc. 2**.
- Propose des modifications afin d'améliorer la solidité de la maquette et teste-les (**doc. 3**).

Je conclus

Décris, par ordre chronologique, les étapes permettant d'obtenir une maquette.

VOCABULAIRE

- **un planning :** suite d'étapes représentée sous la forme d'un tableau chronologique.
- **un tablier :** partie du pont qui porte la voie de circulation.

Je fais le bilan ... par le texte

J'ai découvert :

- Les notions de conception et de contraintes
- La réalisation d'un planning
- La distinction maquette

44 Jamais à court d'idées

- Pour satisfaire leurs besoins, les êtres humains conçoivent ou améliorent, le plus souvent en équipe, des **objets techniques**. La première étape consiste à rechercher et à mettre en commun des idées, à l'aide de schémas ou de croquis, afin de résoudre un ou plusieurs problèmes techniques.

45 Du choix, mais pas d'embarras

- Très souvent, il faut choisir parmi plusieurs **solutions techniques** possibles en fonction des différentes **contraintes** imposées (exemples : dimensions, solidité, couleurs…). La solution peut être modélisée à l'aide d'une **maquette**.

46 Il y a un temps pour tout

- Une fois la solution technique déterminée, il faut définir un **planning** qui permet d'organiser en étapes successives la réalisation de la maquette qui se fait à l'aide des matériaux et des outils nécessaires.
Enfin, cette solution technique est **contrôlée** et **testée**.

Je me suis entraîné à :

- Réaliser en équipe tout ou une partie d'un objet technique répondant à un besoin.
- Utiliser un mode de représentation formalisé, le schéma.
- Imaginer et réaliser des solutions techniques sous forme de maquette.
- Vérifier les dimensions et contrôler le fonctionnement d'une maquette ou d'un prototype.

J'ai utilisé les mots :

- conception
- contrainte
- maquette
- planning

Je fais le bilan... par l'image

Les étapes de la réalisation d'un objet technique

1 La recherche d'idées

Établir :
- les besoins
- les contraintes

2 La conception

Choisir des solutions techniques (formes, matériaux...) à l'aide de modèles

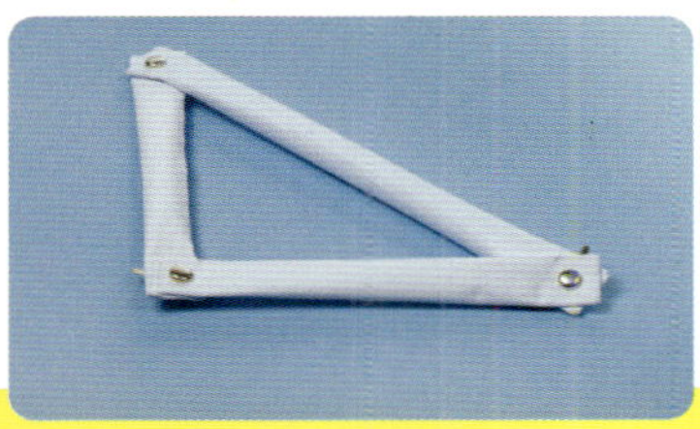

3 La réalisation

Réaliser des maquettes selon un planning

Schémas

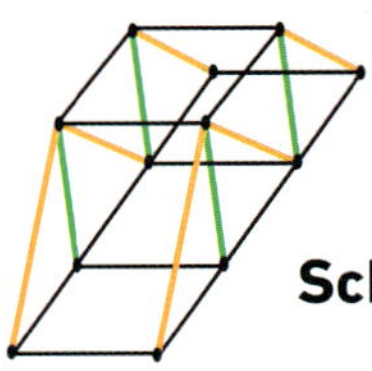

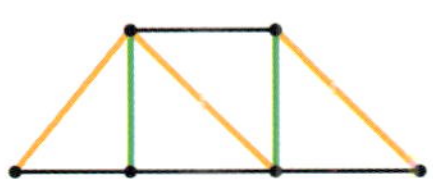

Planning

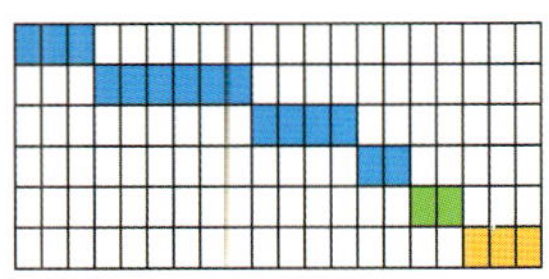

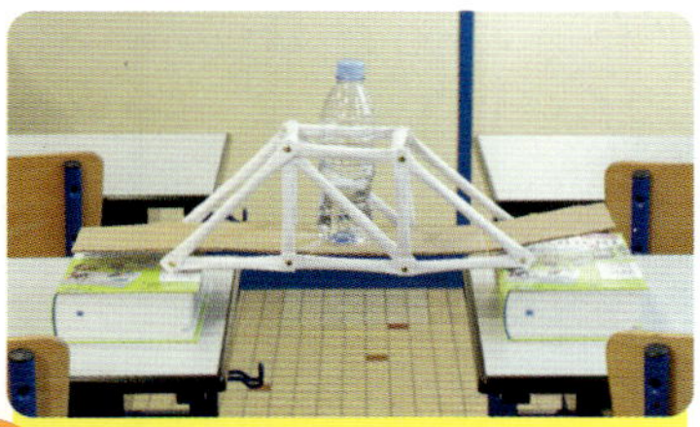

4 Test et contrôles

Vérifier :
- les dimensions
- le fonctionnement

En cas d'échec (retour à l'étape 2)

47 Un aspirateur est-il un robot ?

Je m'interroge

Enzo et Clara regardent une démonstration d'aspirateurs autonomes dans un magasin d'électroménager. De plus en plus d'objets fonctionnent comme les voitures autonomes.
Et toi, sais-tu comment un aspirateur autonome est piloté ?

Je cherche, je réalise

Le **programme** Scratch ci-contre permet de déplacer un aspirateur dans une pièce. Les instructions sont assemblées pour constituer un **algorithme**.

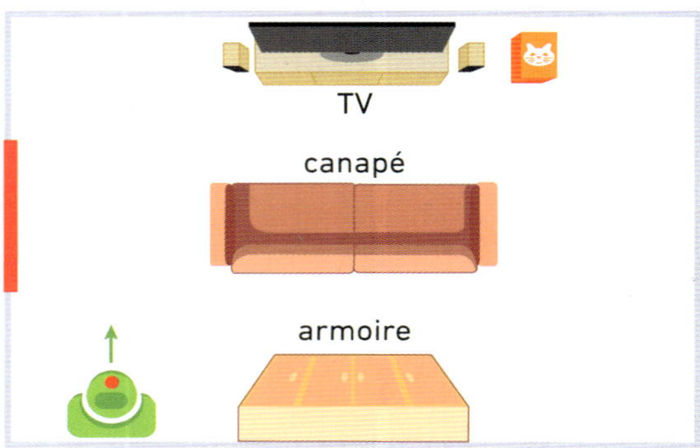

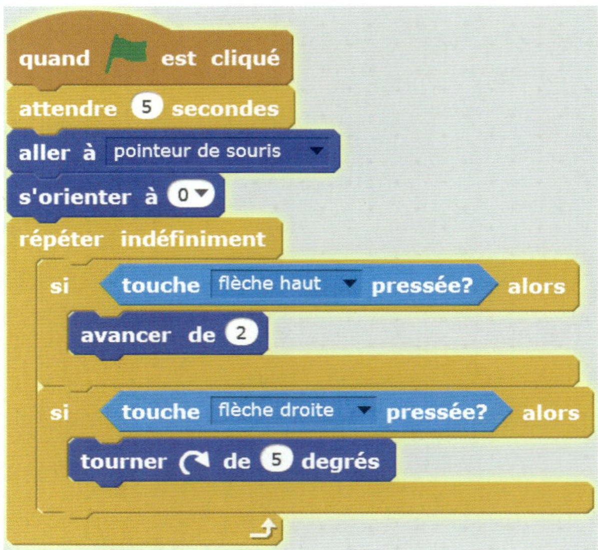

L'aspirateur et sa base sont représentés en vert. L'aspirateur doit éviter et contourner les meubles et les obstacles (pieds de meubles, panier du chat, radiateur).
L'aspirateur doit revenir sur sa base pour se recharger électriquement.

DOC 1 Découvrir la programmation et piloter un aspirateur avec Scratch

Le logiciel RobotProg permet de programmer un robot virtuel. Un premier programme (a) est réalisé sous la forme d'un **organigramme** contenant des instructions (cases) qui s'enchainent (traits fléchés). Grâce à la succession d'actions « Avancer », le robot avance de cinq cases et s'arrête sur la prise de courant située devant le mur (représenté par une barre blanche) à l'Arrêt 1 (b).

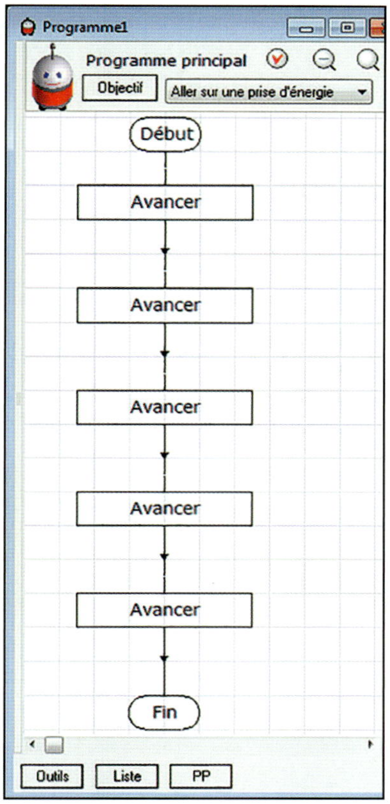

a

D'autres actions sont disponibles comme « Tourner à droite » ou « Tourner à gauche ».

Pratiquer des langages

SOCLE

À toi d'écrire un second programme afin que le robot atteigne la prise de courant située à l'Arrêt 2.

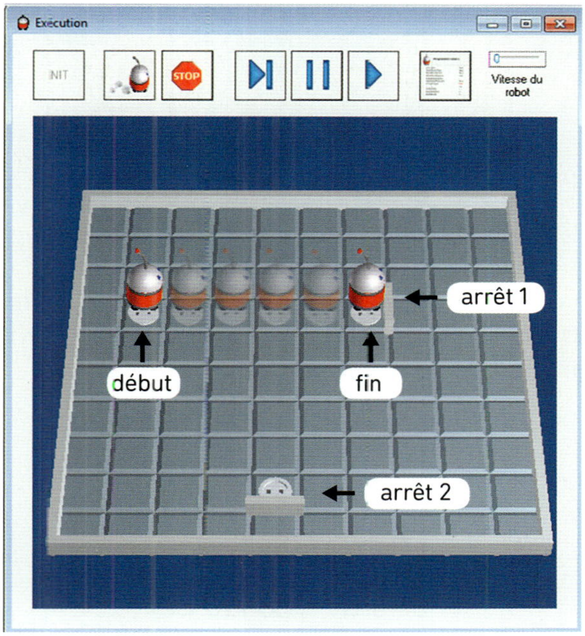

b

DOC 2 Piloter un robot avec RobotProg

Activités

- Complète le programme décrit dans le **doc. 1** pour permettre à l'aspirateur d'évoluer dans la pièce ; ajoute les fonctions « reculer » et « tourner à gauche » en utilisant les deux autres touches « flèche » de ton clavier.
- En comparant les **doc. 1** et **2**, désigne quel programme permet vraiment à un objet technique de se déplacer sans aucune intervention humaine.

Je conclus

Explique comment un algorithme permet de piloter l'aspirateur.

VOCABULAIRE

- **un algorithme** : suite chronologique d'instructions (tests et actions) qui, une fois exécutée, conduit à un résultat attendu.
- **un organigramme** : représentation graphique de la suite d'instructions d'un programme.
- **un programme** : réalisation d'un algorithme destiné à être exécuté par un ordinateur.

48 Mes informations me suivent partout

Je m'interroge

Clara et Enzo doivent préparer ensemble un exposé pour l'école. Ils doivent transférer des photos. **Et toi, sais-tu comment faire pour communiquer toutes les informations quand tu travailles à plusieurs personnes ?**

Je cherche, je réalise

L'appareil photo de Clara stocke les photographies sous forme de **fichiers** dans une carte mémoire (a). Pour les récupérer, Enzo peut raccorder l'appareil photo à l'**unité centrale** de son ordinateur grâce à un cordon USB (b). Il peut aussi extraire la carte et la lire avec son ordinateur. Lorsqu'un appareil, même autonome, est relié à un ordinateur, il devient l'un de ses **périphériques**.

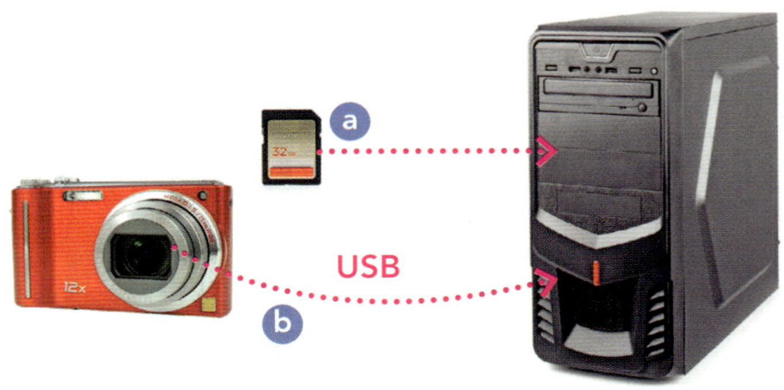

DOC 1 **Le stockage des informations sous forme de fichiers**

Pour repérer et comprendre la communication et la gestion de l'information, je connais l'organisation numérique de mon environnement.

La classe peut utiliser un **Environnement Numérique de Travail** (ENT) ; c'est un site internet accessible depuis les ordinateurs de l'école et depuis chez soi.

Il permet de communiquer (logiciel de messagerie, forums, blogs…), de s'informer grâce aux logiciels en ligne, ou de transmettre des informations (travaux à rendre…).

DOC 2 Les fonctions d'usage d'un Environnement Numérique de Travail (ENT)

J'identifie des sources d'informations fiables

Guide Clara et Enzo en classant les fonctions d'usage, ci-dessous, en trois listes ; autorisées, maladroites, dangereuses ou interdites. Précise-leur s'ils doivent redemander les conseils et la permission de leurs parents.

Les apparences sont trompeuses…

Écouter de la musique / Parler de leur vie privée / Regarder des vidéos / Donner leur adresse ou leur numéro de téléphone / Acheter sur Internet / Mettre leurs photos personnelles / S'informer de l'actualité / Mettre des photos de personnes de leur entourage / S'adresser à des inconnus / Communiquer leurs mots de passe.

DOC 3 Savoir utiliser Internet en toute sécurité

Activités

- Classe les périphériques décrits dans le **doc. 1** selon la nature des informations recueillies : des images, des sons ou des vidéos.
- À partir du **doc. 2**, propose d'autres informations que l'on peut consulter ou placer sur un ENT.
- Complète la liste présentée dans le **doc. 3** en proposant d'autres fonctions accessibles via Internet et classe-les.

Je conclus

Explique où Enzo et Clara doivent rassembler les informations permettant de réaliser leur exposé en toute sécurité.

VOCABULAIRE

- **un fichier :** ensemble d'informations (texte, photo…) enregistré sous un même nom.
- **un périphérique :** appareil externe raccordé à l'unité centrale d'un ordinateur : clavier, souris, écran, clef USB…
- **une unité centrale :** boitier de l'ordinateur contenant ses composants internes (processeur, mémoires, ventilateur…).

Je fais le bilan ... par le texte

J'ai découvert :

- L'Environnement numérique de Travail (ENT)
- Le stockage des données
- Les algorithmes et les objets programmables

47 Un aspirateur est-il un robot ?

- Pour être autonome, un objet technique doit être programmable. L'objet technique est capable d'évoluer sans l'intervention d'un utilisateur, à condition d'exécuter un **algorithme**. Les programmes peuvent être réalisés sous la forme de blocs associés ou d'**organigrammes**.

48 Mes informations me suivent partout

- Les **informations** de toute nature (sons, images, vidéos…) peuvent être collectées à l'aide de différents **objets techniques** (appareil photo, scanner, caméscope, smartphone, tablette…). Puis elles sont **stockées**, le cas échéant, sur différents supports (carte mémoire, mémoire de l'ordinateur…) et enfin transférées sur l'**Environnement Numérique de Travail** (ENT) pour être partagées.
- La communication par ordinateur, tablette et smartphone doit être effectuée en toute **sécurité** ; il faut préserver sa vie privée, bien identifier ses interlocuteurs ainsi que les sites vraiment utiles. À la maison, l'autorisation des parents est obligatoire et, en cas de doute, le recours immédiat à leur contrôle est systématique.

Je me suis entraîné à :

- Décrire un système technique par ses composants et leurs relations.
- Utiliser des logiciels usuels.
- Exploiter des moyens informatiques en travaillant de manière collaborative.

J'ai utilisé les mots :

- algorithme
- environnement numérique de travail
- organigramme

Je fais le bilan… par l'image

Mon environnement numérique

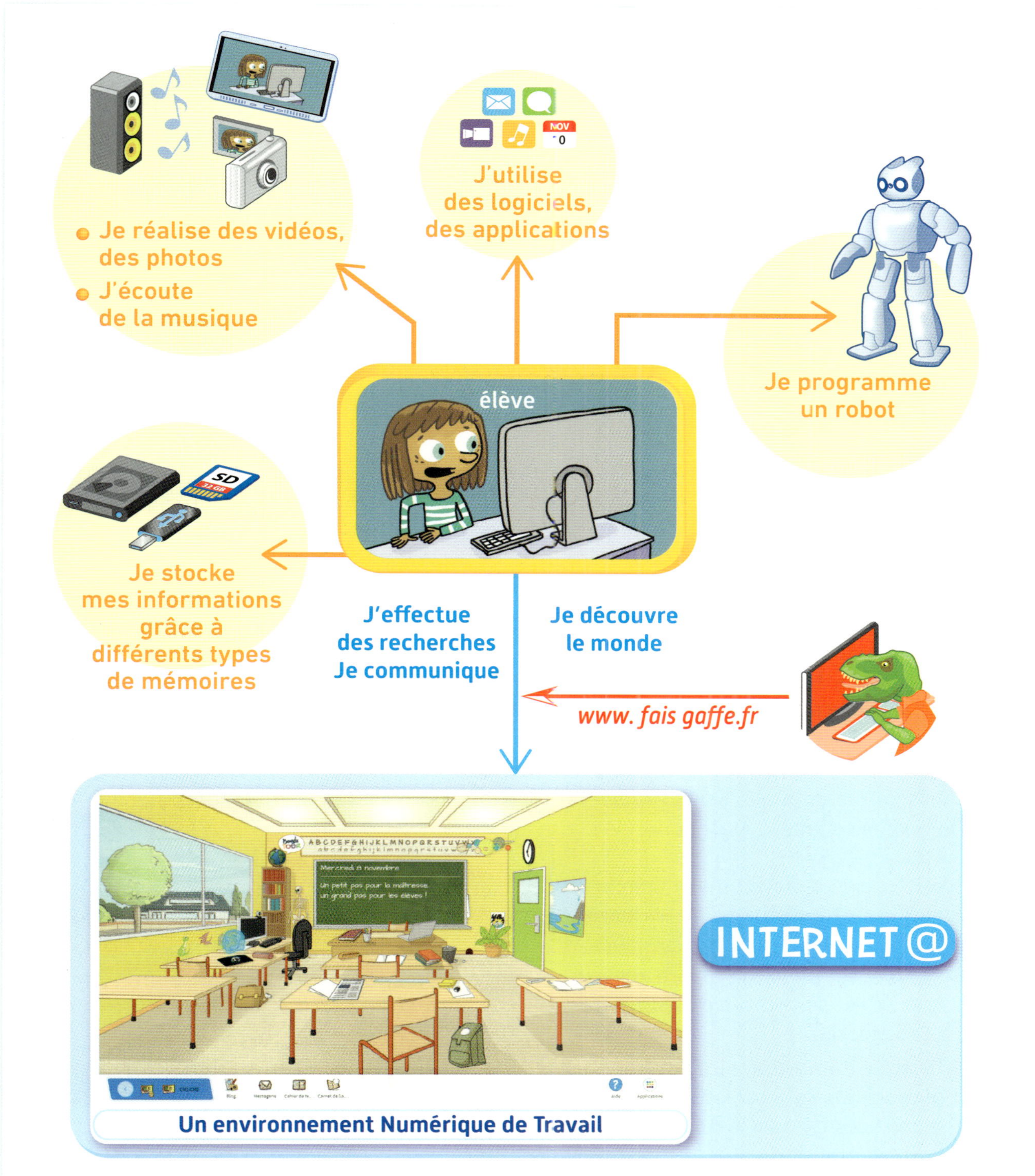

Projet 5

Fabriquons un cadran « scolaire » !

Comment ça marche ?

Un cadran solaire est un instrument qui mesure le temps grâce au déplacement d'une ombre portée sur une surface. Le cadran scolaire que nous allons fabriquer pourra servir à indiquer les horaires d'entrée et de sortie de classe ou de récréation.
Ainsi, les graduations peuvent ne pas être toutes de même largeur, car les activités peuvent avoir des durées différentes.

- **Le style est un bâton planté dans le mur : c'est son ombre qui est portée sur le cadran.**
- **Lorsque l'ombre atteint une graduation, cela correspond au début d'une activité ou à la fin de l'activité précédente.**

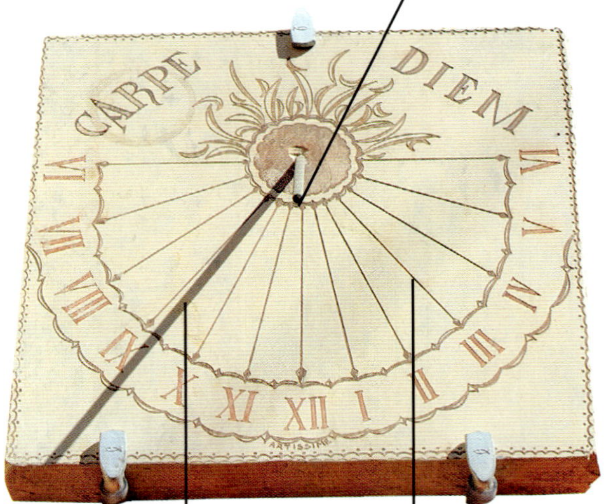

Construis ton cadran solaire !

1. Fixe solidement à l'horizontale le style dans la plaque de polystyrène.
2. À l'aide du crayon, en plus des traces horaires, tu peux écrire à quoi correspond chaque graduation.
3. Tu peux même t'amuser à décorer ton cadran pour le personnaliser !

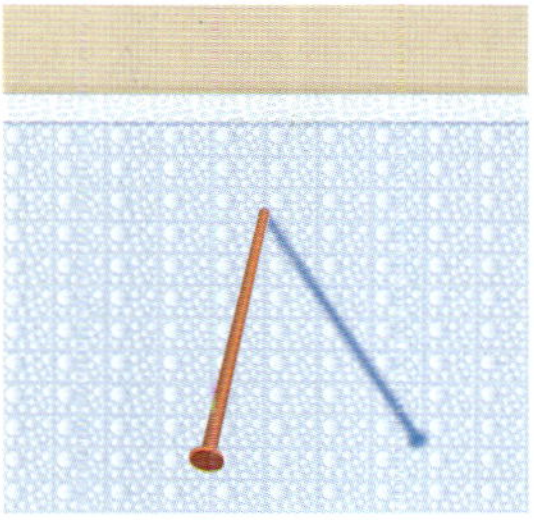

Matériel

- une plaque de polystyrène
- une tige de bois ou un grand clou de charpentier (pour le style)
- un crayon à papier (pour marquer les ombres)

Où l'installer ?

L'utilisation d'une boussole te permettra de repérer le Nord (N).

1. Avec la boussole, place le N en dessous de l'aiguille rouge car c'est elle qui marque le Nord. Tu as maintenant les 4 directions : Nord ; Sud ; Est ; Ouest.

« Cueille le jour ! »

2. Dans la cour de l'école, place-toi face au Nord : le mur de l'école situé devant toi est donc plein Sud. C'est sur celui-là qu'il faudra installer le cadran. Chacun peut installer sa maquette sur le mur et repérer l'ombre du style au moment de rentrer en classe.

3. En superposant les différentes maquettes de tes camarades, tu dois retrouver les mêmes écartements entre les graduations.

Projet 6

Construisons une voute

L'Arc de Triomphe à Paris

La mosquée–cathédrale de Cordoue (Espagne)

Qu'est ce qu'une voute ?

En levant le regard, tu as certainement dû remarquer dans certaines constructions la présence de voutes.

- **À quoi servent les voutes ? Qu'est ce qu'un voussoir ?**
- **Comment réaliser des maquettes de voutes ?**

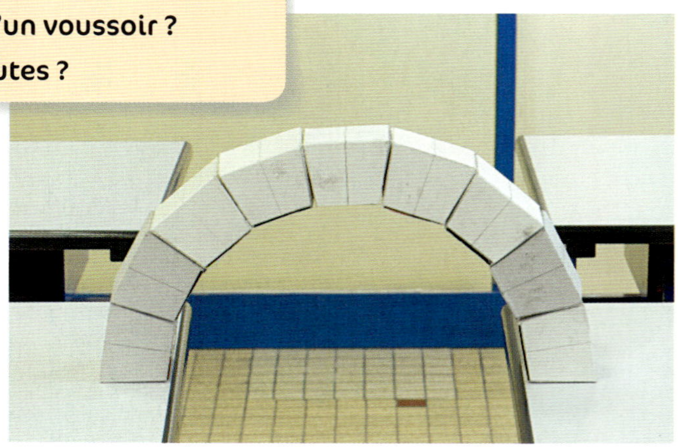

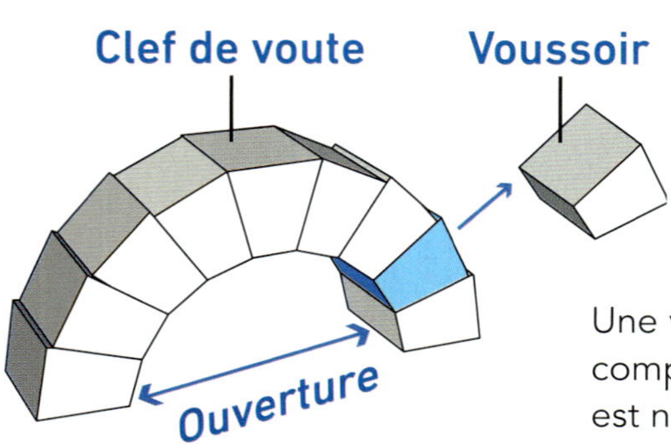

Une voute est constituée de **voussoirs**. L'exemple proposé comporte neuf voussoirs tous identiques ; le voussoir central est nommé **clef de voute**. La distance séparant les deux voussoirs inférieurs s'appelle l'**ouverture** (double flèche).

Comment réaliser des voussoirs ?

À la différence d'un pavé, un voussoir présente deux faces identiques en forme de trapèze isocèle, les quatre autres faces sont rectangulaires. Après avoir choisi la longueur de l'ouverture de la voute et les dimensions du voussoir, il faut en dessiner le patron ; une largeur de voussoir égale à la longueur côté « Extérieur » est conseillée. Le tableau ci-contre pourra t'aider dans tes choix.

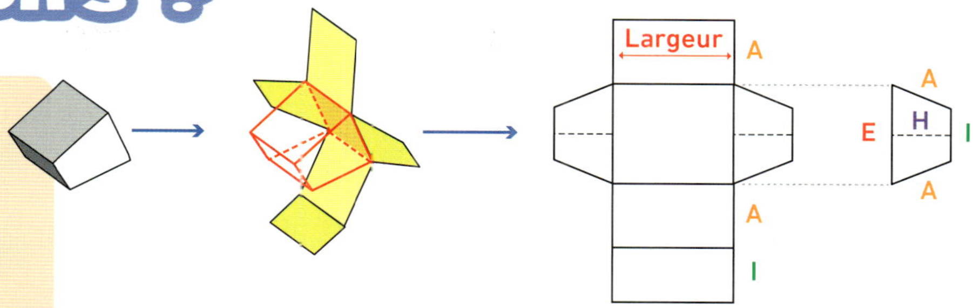

Tableau des dimensions possibles pour une voute à neuf voussoirs (en centimètres)

Ouverture	Intérieur (I)	Extérieur (E)	Hauteur (H)	Appui (A)
34,6	6,0	9	8,5	8,6
31,8	5,5	8	7,0	7,1
29,4	5,1	7	5,4	5,5
25,9	4,5	6	4,2	4,3
22,5	3,9	5	3,1	3,2
17,3	3,0	4	2,8	2,9

Quels matériaux ?

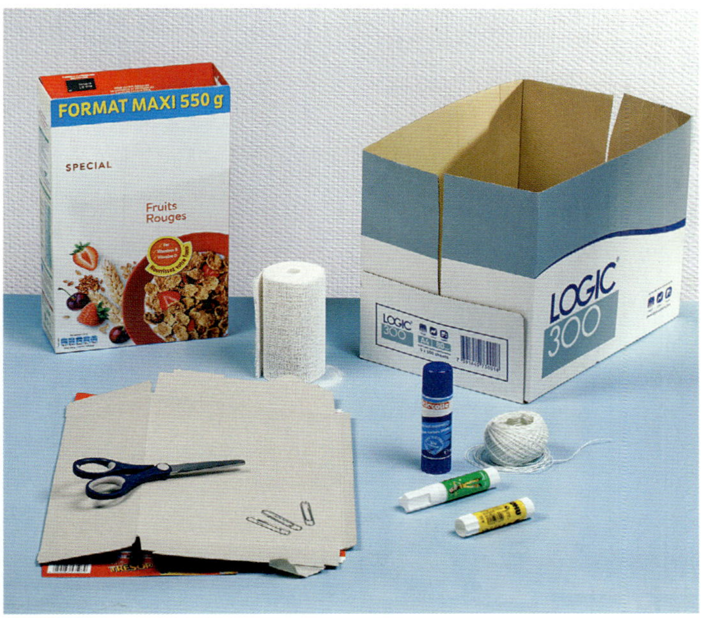

Pour réaliser une maquette de voute, il s'agit de se poser les bonnes questions !

- **Que prévoir sur le patron afin que les faces des voussoirs se joignent et tiennent ensemble ?**
- **Quel outil choisir pour découper la feuille selon sa nature et son épaisseur ?**
- **Comment assembler et fixer les voussoirs les uns aux autres pour former la voute ?**
- **Comment rendre la voute plus solide ?**

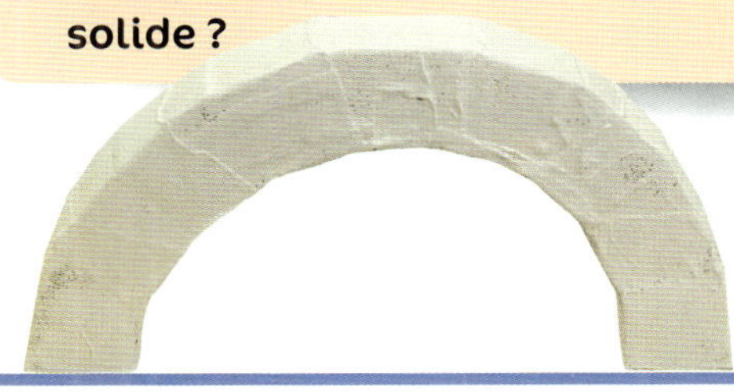

THÈME 4

La planète Terre, les êtres vivants dans leur environnement

49 J'habite dans le système solaire

Je m'interroge

Si, comme Clara et Enzo, tu rencontrais un extra-terrestre qui visite notre système solaire pour la première fois, **comment ferais-tu pour l'aider à mieux connaître la Terre ?**

Je cherche, je réalise

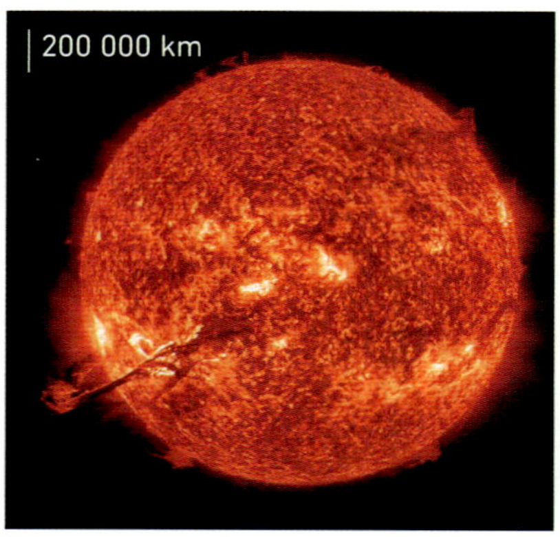

le Soleil

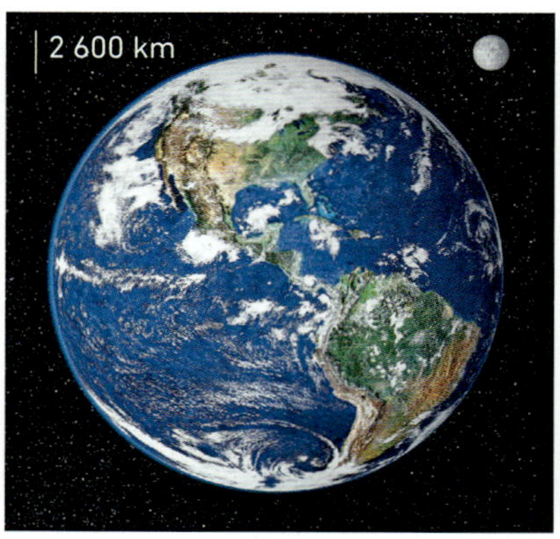

la Lune et la Terre

Mars

Notre système solaire est formé d'une **étoile** produisant de la lumière, autour de laquelle tournent des **planètes**. Autour de certaines de ces planètes, tournent un ou plusieurs **satellites** naturels (comme la Lune).

DOC 1 Quelques objets du système solaire

	Soleil	Mercure	Vénus	Terre	Mars	Jupiter	Saturne	Uranus	Neptune
Distance au Soleil (millions de kilomètres)	0	60	110	150	230	780	1 420	2 880	4 500
Diamètre (km)	1 400 000	5 000	12 000	13 000	7 000	14 000	12 000	50 000	50 000
Composition de la surface	Gaz en fusion	Roches				Gaz			

DOC 2 L'organisation du système solaire

J'utilise les outils mathématiques adaptés

Construis une maquette du système solaire dans la cour de récréation ou sur un terrain de sport.

Choisis parmi les objets ci-contre ceux qui représentent le Soleil et les planètes.

Ensuite, à l'aide d'un décamètre, choisis les bonnes distances entre l'objet représentant le Soleil et ceux représentant les planètes, puis modélise le système solaire.

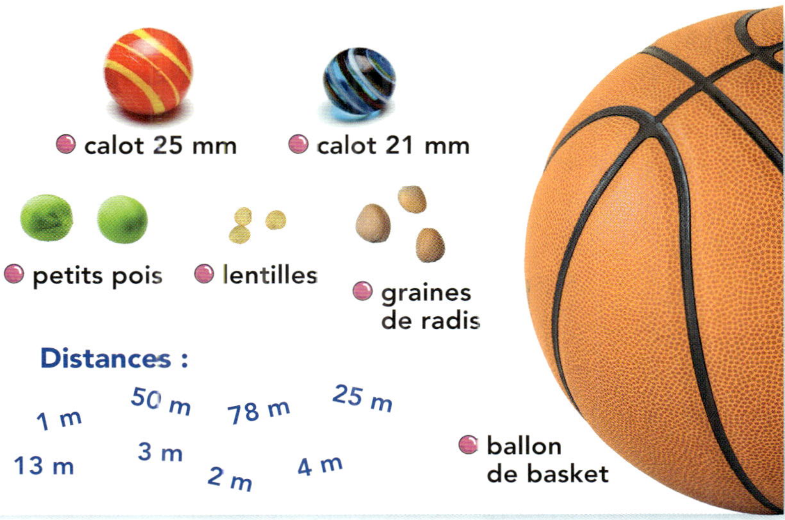

DOC 3 Modéliser le système solaire sur un terrain de sport

Activités

- Nomme l'étoile, les planètes et le satellite présentés (**doc. 1**).
- Regroupe les planètes du système solaire en deux familles (**doc. 2**). Justifie ta réponse.

Je conclus

Décris les caractéristiques de la Terre, puis sa position dans le système solaire.

VOCABULAIRE

- **une étoile :** astre produisant sa propre lumière.
- **une planète :** astre tournant autour d'une étoile en renvoyant sa lumière.
- **un satellite :** astre tournant autour d'une planète.

50 Le jour se lève 24 heures sur 24 !

Je m'interroge

Clara, qui vit à Paris, et Enzo, en voyage à New York, ne voient pas le jour se lever au même moment. **Comment expliques-tu le décalage entre ces deux levers de Soleil ?**

Je cherche, je réalise

J'utilise différents modes de représentation

À l'aide de la lampe, éclaire la sphère. Fais tourner la sphère et observe comment les deux punaises sont éclairées et observe l'ombre.

Matériel
- une sphère en polystyrène traversée par un pic
- une lampe torche
- deux punaises de couleur

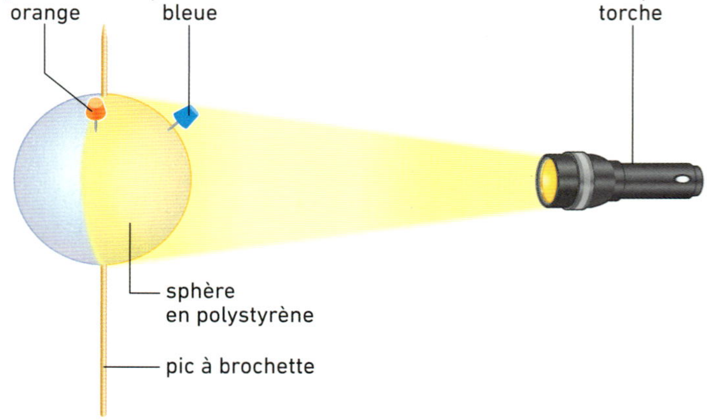

DOC 1 Modéliser l'alternance jour/nuit

Pour comprendre les conditions de la vie terrestre, je comprends l'alternance du jour et de la nuit.

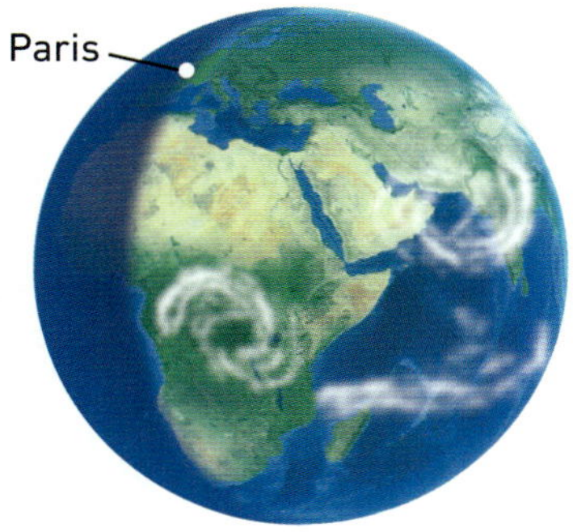

À 8 h 00 (heure de Paris), le jour se lève à Paris.

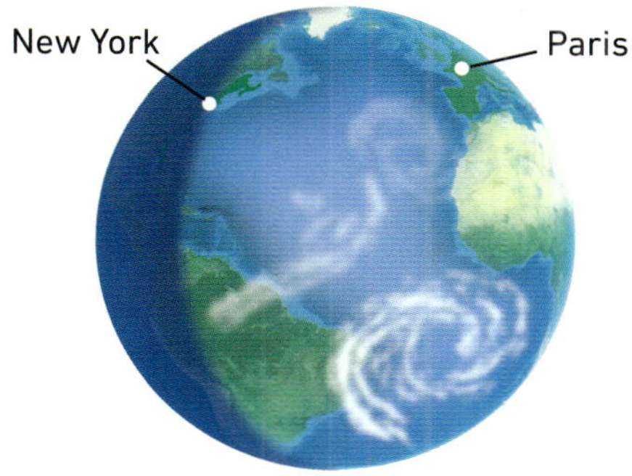

À 13 h 00 (heure de Paris), le Soleil se lève à New York.

DOC 2 Un lever de Soleil à Paris et à New York vu du ciel

La Terre fait un tour sur elle-même en 24 heures. La surface terrestre est divisée en 24 **fuseaux horaires** correspondant chacun à une heure de rotation du globe.

DOC 3 Les 24 fuseaux horaires

Activités

- Dans la modélisation, repère ce que représentent la sphère, le pic à brochette, les punaises et la lampe (**doc. 1**).
- Trouve et indique par une flèche le sens de rotation de la Terre (**doc. 1** et **2**). Justifie ta réponse.
- Lorsqu'il est 10 heures à Paris, calcule quelle heure (heure de Paris) il est dans les différents endroits indiqués sur la carte (**doc. 3**).

Je conclus

En une phrase, explique pourquoi il ne fait pas jour au même moment partout sur la Terre.

VOCABULAIRE

- **un fuseau horaire :** zone de la surface terrestre où l'heure est la même.

51 Quand le Soleil joue à cache-cache avec la Lune !

Je m'interroge

Le 21 aout 2017, les habitants de Nashville (aux États-Unis) ont eu la chance d'observer vers midi le ciel s'obscurcir, le Soleil disparaissant totalement !
Propose une explication à ce phénomène spectaculaire appelé éclipse.

Je cherche, je réalise

Je propose une expérience simple pour tester une hypothèse

Avec le matériel ci-contre, propose une expérience de modélisation permettant de placer dans l'ombre Nashville à midi, un beau jour d'été !
Dessine ton projet d'expérience, puis réalise-la pour vérifier si elle te permet d'obtenir le résultat demandé.

lampe de poche

globe terrestre

boulette de pâte à modeler

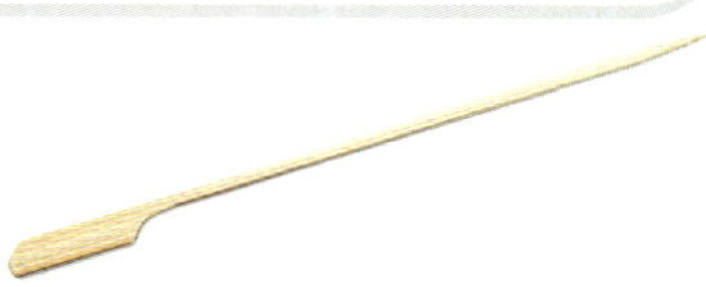

brochette en bois

Résultat attendu

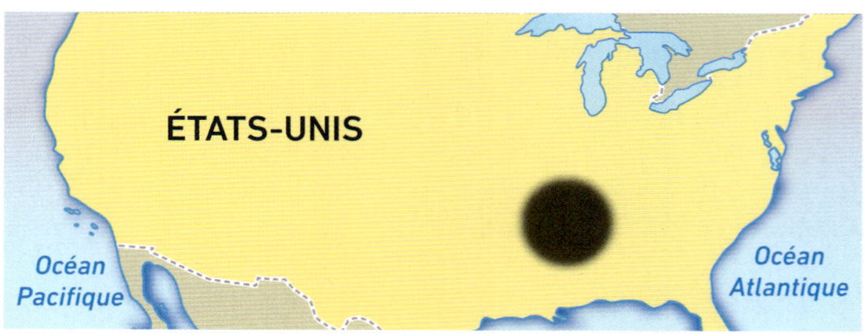

DOC 1 Créer une éclipse

Pour situer la Terre dans le système solaire, j'explique un phénomène astronomique rare : une éclipse de Soleil.

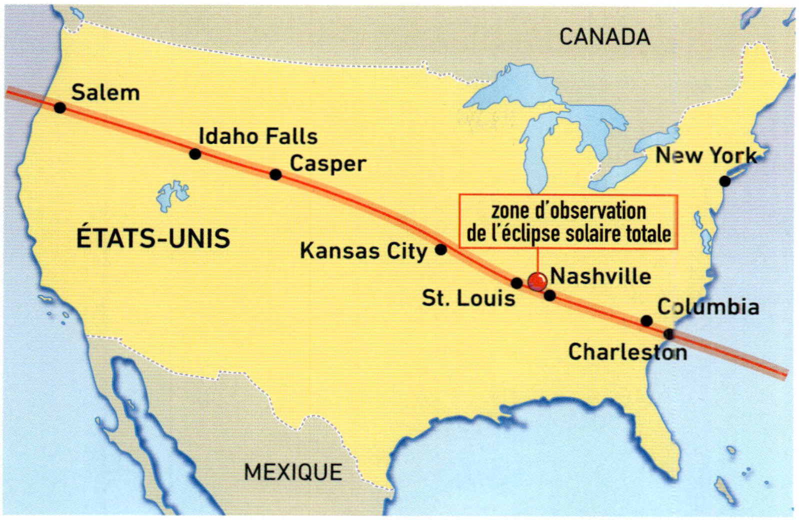

L'**éclipse solaire** totale (quand le Soleil est complètement caché) était visible sur une bande large d'environ 100 km (en orange sur la carte), mais pas partout au même moment : les premiers à l'observer ont été les habitants de Salem et les derniers ceux de Charleston, une heure trente plus tard.

DOC 2 Observation de l'éclipse du 21 aout 2017

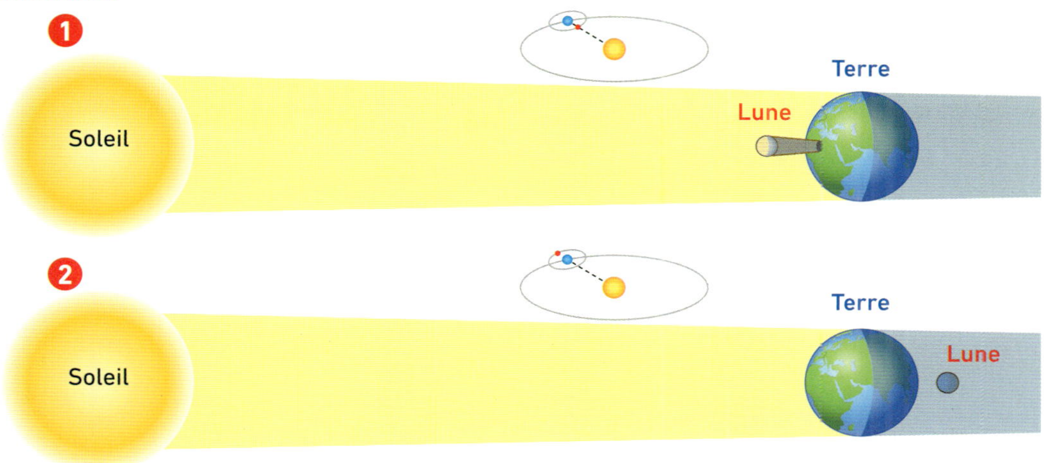

DOC 3 Deux schémas proposés par des élèves pour expliquer l'éclipse

Activités

- Que représentent la lampe de poche et la boulette de pâte à modeler dans la modélisation (**doc. 1**) ?
- D'après la carte (**doc. 2**), l'éclipse totale était-elle observable de New York ? Pourquoi ?
- Lequel des deux schémas (**doc. 3**) permet-il d'expliquer l'éclipse solaire ? Justifie ton choix.

Je conclus

Explique simplement l'origine d'une éclipse totale de Soleil.

VOCABULAIRE

- **une éclipse solaire :** disparition temporaire d'une source de lumière (*le Soleil*) par rapport à un autre objet (*la Lune*).

52 Le jeu des différences entre paysages

Je m'interroge

Sur la photo de Clara, Enzo ne retrouve pas les éléments qui composent les paysages près de là où il est. **Selon toi, qu'est-ce qui peut changer d'un paysage à l'autre ?**

Je cherche, je réalise

La **garrigue** est un paysage des contrées de roche calcaire du sud de la France. La végétation y supporte la sécheresse des étés chauds. On retrouve dans ce type de paysage des **composantes géologiques** et des **composantes biologiques** dont voici quelques exemples.

Composante géologique

- roche calcaire

Composantes biologiques

- fauvette mélanocéphale

- scolopendre

- tortue d'Hermann

- cigale

- romarin

- thym

- pin d'Alep

DOC 1 Un paysage de garrigue

Pour caractériser les conditions de vie sur Terre, j'identifie les composantes d'un paysage.

Les **dunes littorales** sont présentes sur la côte atlantique. Elles sont constituées de grains de sable déplacés par le vent. Elles sont soumises aux embruns salés de l'océan.

Quelques habitants des dunes

- hanneton foulon

- lapin de garenne

- gravelot

- oyat

- euphorbe maritime

- immortelle des sables

DOC 2 Un paysage dunaire

Je communique des résultats à l'aide d'outils numériques

Photographie un paysage près de ton école, puis pars à la recherche d'indices sur les animaux, les plantes ou les roches présents dans ce paysage.

DOC 3 Devenir un naturaliste

Activités

- Construis un tableau de comparaison des deux paysages (**doc. 1** et **doc. 2**) en indiquant, pour chacun, ses composantes géologiques et biologiques.
- Propose une hypothèse pour expliquer pourquoi les êtres vivants peuvent être différents selon les paysages étudiés.

Je conclus

Explique simplement ce qui diffère entre deux paysages naturels.

VOCABULAIRE

- **une composante biologique** : êtres vivants peuplant un paysage.
- **une composante géologique** : élément naturel non vivant d'un paysage (roches, sol, eau…).

53 Alerte météo !

Je m'interroge

De plus en plus fréquentes, les tempêtes sont des événements météorologiques qui peuvent faire d'importants dégâts, humains et matériels.
Comment se protéger de ces phénomènes violents ?

Je cherche, je réalise

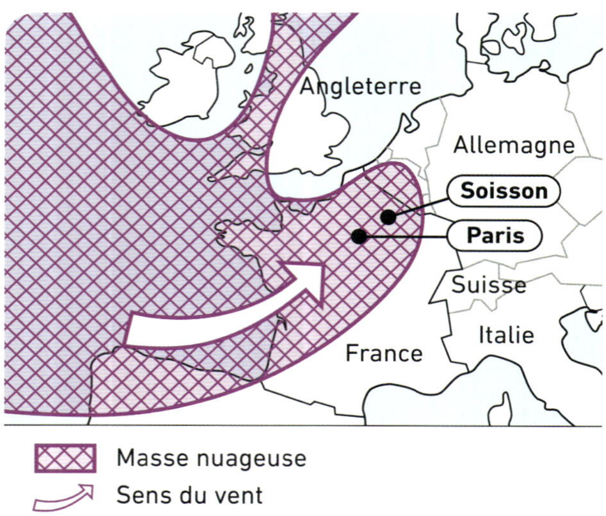

La **tempête** Egon a balayé le nord de la France, la Belgique puis l'Allemagne dans la nuit du jeudi 12 au vendredi 13 janvier 2017.

On a pu mesurer des rafales de vent à plus de 150 km/h, ainsi que de fortes pluies et des chutes de neige.

En France, cet événement météorologique violent a causé beaucoup de dégâts : de nombreux arbres ont été déracinés, plus de 200 000 habitations ont été privées d'électricité, la cathédrale de Soissons a été abimée... Cinq personnes ont trouvé la mort.

DOC 1 La tempête Egon, un phénomène météorologique à fort risque

Pour caractériser les conditions de la vie sur Terre, je comprends les risques liés aux phénomènes météorologiques.

Les niveaux de vigilance météorologique

- (rouge) **Une vigilance absolue s'impose.** Des phénomènes dangereux d'intensité exceptionnelle sont prévus. Tenez-vous régulièrement au courant de l'évolution de la situation et respectez impérativement les consignes de sécurité émises par les pouvoirs publics.
- (orange) **Soyez très vigilants.** Des phénomènes dangereux sont prévus. Tenez-vous au courant de l'évolution de la situation et suivez les conseils de sécurité émis par les pouvoirs publics.
- (jaune) **Soyez attentifs.** Si vous pratiquez des activités sensibles au risque météorologique ou exposées aux crues, des phénomènes habituels dans la région mais occasionnellement et localement dangereux (ex. mistral, orage d'été, montée des eaux) sont en effet prévus. Tenez-vous au courant de l'évolution de la situation.
- (vert) **Pas de vigilance particulière.**

Les conseils des pouvoirs publics

- (rouge) Restez chez vous et évitez toute activité extérieure. Si vous devez vous déplacer, soyez très prudents. N'intervenez en aucun cas sur les toitures et ne touchez pas à des fils électriques tombés au sol. Prévoyez des moyens d'éclairage de secours et faites une réserve d'eau potable. Limitez vos déplacements.
- (orange) Limitez votre vitesse sur route et autoroute. Ne vous promenez pas en forêt et sur le littoral. En ville, soyez vigilants face aux chutes possibles d'objets. N'intervenez pas sur les toitures.

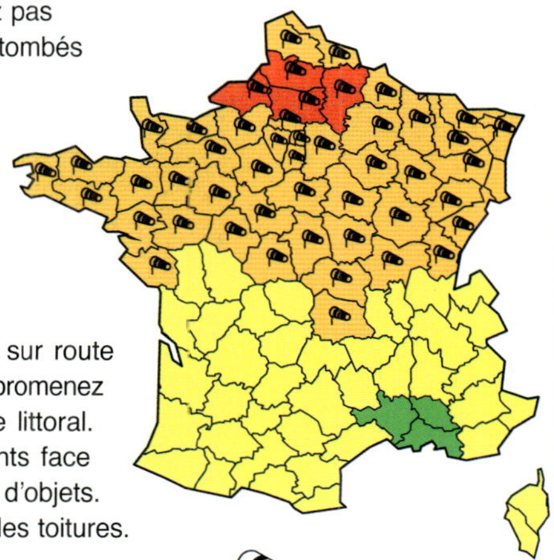

Le type de phénomène météo : Vent violent

DOC 2 Vigilances émises par Météo France pour la nuit du 12 au 13 janvier 2017

J'exploite un document constitué de différents supports

À partir de cette carte de vigilance, rédige un bulletin d'alerte pour les départements pour lesquels il existe un risque météorologique.

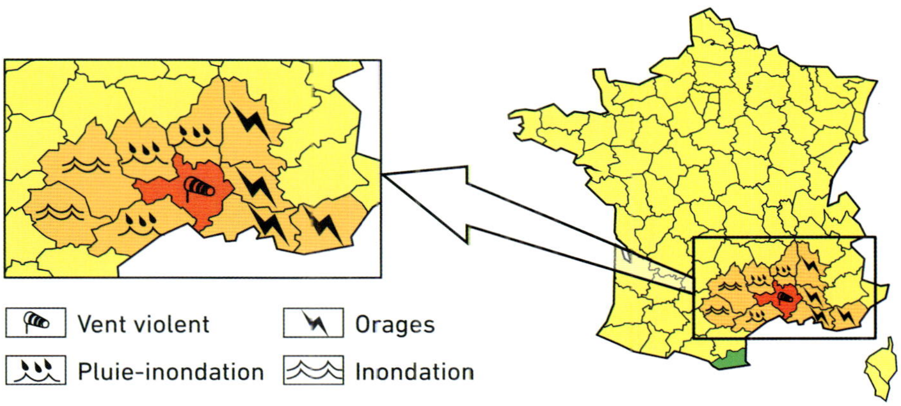

Vent violent | Orages
Pluie-inondation | Inondation

DOC 3 Lire une carte de vigilance le 12 octobre 2014 (Météo France)

Activités

- Relève les caractéristiques de la tempête Egon et les dégâts qu'elle a causés (**doc. 1**).
- Explique comment se protéger de la tempête dans les zones à forte vigilance et à vigilance absolue (**doc. 2**).
- Imagine les mesures de prévention à communiquer à la population (**doc. 3**).

Je conclus

Explique brièvement comment se protéger des risques liés à un phénomène météorologique.

VOCABULAIRE

- **une tempête :** phénomène météo violent caractérisé par des vents forts.
- **la vigilance météorologique :** mise en garde des populations exposées aux risques météorologiques.

54 Qu'est-il arrivé à Pompéi ?

Je m'interroge

Pompéi a été retrouvée enfouie sous plusieurs mètres de cendres volcaniques. La ville de Naples, qui compte 700 000 habitants, se situe à proximité du même volcan… toujours actif !
Pourquoi certaines éruptions volcaniques sont-elles dangereuses pour les populations ?

Je cherche, je réalise

Le mont St Helens (États-Unis)

Dans un volcan de **type explosif**, la lave visqueuse s'échappe du volcan par de violentes explosions. Des cendres et des pierres sont alors projetées dans le ciel.

Des **nuées ardentes** (mélange de cendres, de gaz brulants et de lave) peuvent dévaler la pente du volcan à une vitesse supérieure à 200 km/h. La lave, les cendres et les autres matériaux expulsés constituent, en durcissant, le cône volcanique.

Le Piton de la Fournaise (La Réunion)

Dans un volcan de **type effusif**, les **coulées de lave** sont fluides. Formée de roches en fusion à plus de 1 000 °C, la lave s'écoule à partir du cratère à une vitesse de 10 m/h.

Des projections en hauteur de lave forment des rideaux. La lave se refroidit rapidement pour former une roche noire à l'origine du cône volcanique.

DOC 1 Tous les volcans ne se ressemblent pas

J'utilise le résultat d'une expérience

SOCLE

Dans un flacon, mets une cuillère de bicarbonate de soude et ajoute du vinaigre petit à petit : tu modéliseras ainsi un volcan !

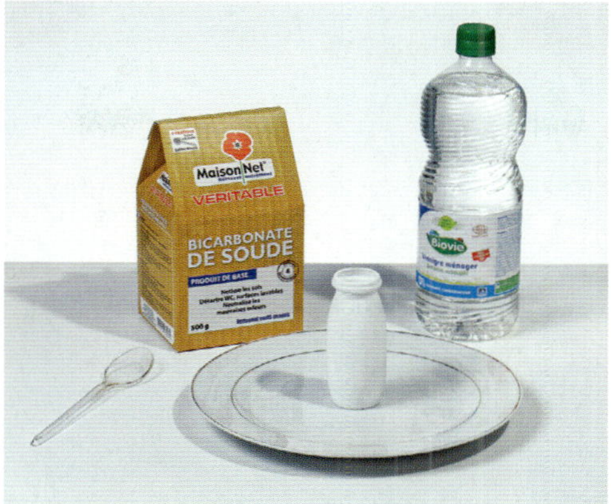

Matériel

- ✓ un petit flacon vide de yogourt à boire
- ✓ une cuillère de bicarbonate de soude
- ✓ du vinaigre

DOC 2 Faire un volcan dans sa cuisine

Prévoir une éruption volcanique

Sur le Vésuve, on a installé des outils pour détecter les signes de la survenue d'une éruption : déformation du volcan, faibles tremblements de terre, augmentation de la température et de l'émission de gaz… L'observation de ces signaux par les appareils permet de prévenir la population.

Prévenir une éruption volcanique

Les villes se situant à proximité du Vésuve possèdent un plan d'évacuation. En effet, en cas d'éruption, plus de 700 000 habitants doivent être évacués en moins de sept jours !
La zone brune correspond à la zone la plus menacée, notamment par les nuées ardentes.

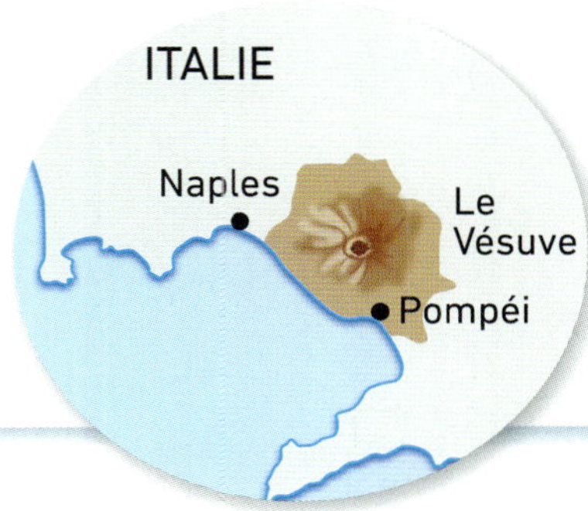

DOC 3 Le Vésuve, un volcan sous haute surveillance

Activités

- Compare les volcans (doc. 1). Lequel te paraît le plus dangereux ?
- Réalise la manipulation (doc. 2), puis décris tes observations.
- Indique comment les scientifiques espèrent éviter une nouvelle catastrophe naturelle au pied du Vésuve (doc. 3).

Je conclus

En une phrase, explique comment se manifeste un volcan et comment les populations peuvent se protéger.

VOCABULAIRE

- **une coulée de lave :** lave fluide s'étalant sur les flancs du volcan.
- **une éruption volcanique :** projections plus ou moins violentes hors d'un volcan (lave, gaz, cendres…).
- **une nuée ardente :** mélange de gaz brulants de lave et de cendres dévalant les bords du volcan.

55 Quand la Terre tremble !

Je m'interroge

Le 24 aout 2016, un séisme (ou tremblement de terre) a touché le centre de l'Italie, faisant 298 morts, dont 234 dans la ville d'Amatrice en partie détruite.
Quelles sont les manifestations d'un séisme ? Comment se protéger ?

Je cherche, je réalise

Sur cette carte de l'Italie, on peut localiser le point où la terre a tremblé : c'est l'**épicentre** du séisme, situé à côté de la ville d'Amatrice.
À partir de l'épicentre, des vibrations appelées **secousses sismiques** se sont déplacées dans toutes les directions.

Les zones de couleur indiquent l'intensité du séisme (c'est l'ampleur des dégâts) :

- **III** : Secousses faiblement ressenties
- **IV** : Secousses largement ressenties
- **V** : Réveil des dormeurs
- **VI** : Frayeur des habitants
- **VII** : Destruction de certains bâtiments

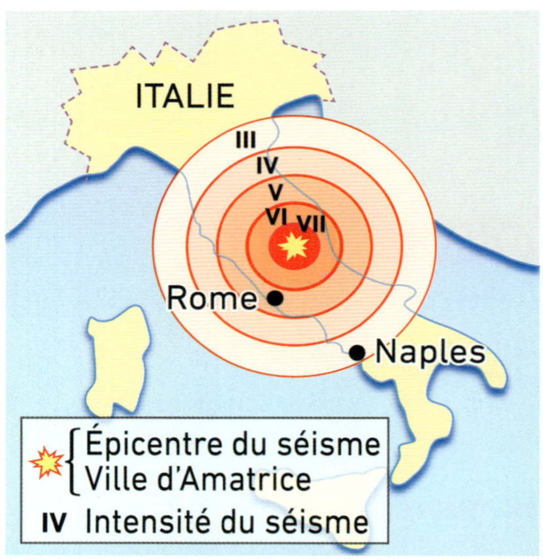

DOC 1 Les secousses sismiques et leurs conséquences

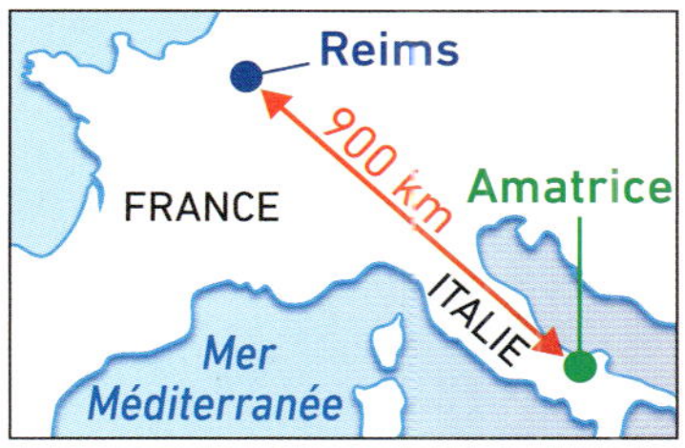

À Reims, située à plus de 900 km de distance d'Amatrice, le **séisme** n'a pas été ressenti par les habitants, mais de légers mouvements du sol ont été enregistrés par un appareil, le **sismographe**.
Cet enregistrement est nommé un **sismogramme**.

DOC 2 Le tremblement de terre en Italie a été enregistré jusqu'en France !

Je propose une hypothèse pour répondre à une question

Certaines constructions résistent mieux aux secousses sismiques que d'autres. Avec le matériel ci-contre, construis un empilement de 4 morceaux de sucre le plus résistant possible à des secousses. Compare les constructions avec élastique et sans élastique.

Matériel
- ✓ des sucres en morceaux
- ✓ des élastiques
- ✓ une planche de bois

DOC 3 Résister aux secousses sismiques

Activités

- Quelle relation peux-tu établir entre la distance à l'épicentre et les effets du séisme (doc. 1 et doc. 3) ?
- Mesure le temps mis par les vibrations du sol pour al er d'Amatrice à Reims (doc. 2).

Je conclus

En une phrase, explique comment se manifeste un séisme et comment les populations peuvent se protéger.

VOCABULAIRE

- **l'épicentre :** le point à la surface de la Terre où le séisme est le plus intense.
- **une secousse sismique :** vibration se déplaçant à partir du séisme.
- **un séisme :** tremblement de terre.

Je fais le bilan ... par le texte

J'ai découvert :

- L'organisation du système solaire
- Les mouvements de la Terre et de la Lune et leurs conséquences
- Les composantes des paysages
- Les risques naturels liés à l'activité de la Terre

49 J'habite dans le système solaire

- La Terre et son satellite naturel, la Lune, appartiennent au **système solaire**.
- Le système solaire est constitué de 8 **planètes** tournant autour d'une **étoile**, le Soleil.

50 Le jour se lève 24 heures sur 24 !

- La Terre tourne sur elle-même en 24 heures.
- Lors de cette **rotation terrestre**, le soleil éclaire une partie du globe, c'est le **jour**. Dans la partie de la Terre non éclairée, c'est la **nuit**.

51 Quand le Soleil joue à cache-cache avec la Lune !

- La Lune tourne autour de la Terre qui tourne autour du soleil. Lorsque la Lune se retrouve parfaitement alignée entre la Terre et le Soleil, elle masque ce dernier. Le Soleil n'est alors plus visible depuis la Terre, c'est une **éclipse de soleil**.

52 Le jeu des différences entre paysages

- Un paysage possède à la fois des **composantes biologiques** (organismes vivants) et des **composantes géologiques** (roches, eau…).
- Les êtres vivants sont différents selon les composantes géologiques présentes.

53 Alerte météo !

- Les **cartes de vigilance météo** permettent de connaître les **risques météorologiques** (tempêtes, orages, innondations, sécheresse...) et d'adopter un comportement prudent.

54 Qu'est-il arrivé à Pompéi ?

- Il existe deux types de volcans : les volcans explosifs et les volcans effusifs.
- Certains **volcans** de type explosif présentent un risque important pour les populations. Leur surveillance permet de mettre en œuvre une **prévention du risque**.

55 Quand la Terre tremble !

- Lors d'un tremblement de terre (ou **séisme**), des ondes se propagent dans le sous-sol.
- Ces vibrations sont responsables des dégâts dans la zone proche de l'**épicentre**. Les constructions parasismiques limitent ces dégâts.

Je me suis entraîné à :

- Proposer des modélisations des éléments du système solaire pour tester une hypothèse.
- Extraire les informations pertinentes d'un document et les mettre en relation pour identifier les composantes d'un paysage.
- Rendre compte des observations, expériences, hypothèses conclusion en utilisant un vocabulaire précis.
- Me situer dans l'environnement et maîtriser la notion d'échelle.
- Relier des connaissances acquises à des questions d'environnement.

J'ai utilisé les mots :

- éclipse
- éruption
- étoile
- planète
- risque naturel
- tremblement de terre
- vigilance

Je fais le bilan... par l'image

La Terre, une planète active dans le système solaire

Organisation du système solaire

Les mouvements relatifs de la Lune, la Terre et le Soleil

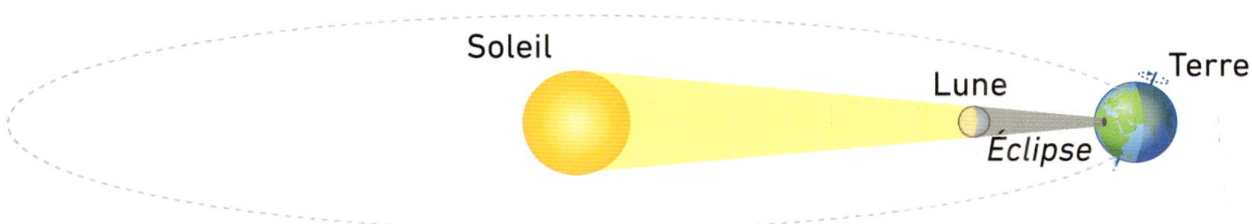

Activité terrestre et risques naturels

Activité externe

- Tempêtes
- Inondations
- Sécheresse
- Cyclones

Activité interne

- Éruptions volcaniques
- Tremblements de terre

Prévention et protection des populations

56 Le jardin de l'école au fil des saisons

Je m'interroge

Les hirondelles observées par Clara et Enzo sont invisibles pendant l'hiver, puis réapparaissent au printemps. **Sais-tu ce qu'elles deviennent en hiver ? Connais-tu d'autres animaux que l'on ne voit pas toute l'année ?**

Je cherche, je réalise

DOC 1 Quelques êtres vivants observés dans le jardin de l'école en hiver et en été

Pour expliquer la répartition des êtres vivants et les peuplements de milieux, j'explique les variations des peuplements au cours des saisons.

Comment passer l'hiver ?

Pendant l'**hiver**, le hérisson entre en **hibernation**. Blotti dans son nid, il passe la plupart du temps à dormir, vivant sur ses réserves de graisse.

La mésange bleue est active toute l'année mais change de régime alimentaire. **Insectivore** au printemps et l'été, elle se nourrit essentiellement de graines durant l'hiver.

Après sa floraison **estivale**, le coquelicot produit des milliers de graines qui pourront germer au printemps suivant. C'est une plante annuelle.

À l'**automne**, les hirondelles s'envolent pour une **migration** de plusieurs milliers de kilomètres. Elles passent l'hiver au chaud, en Afrique.

À l'**automne**, le glaïeul fane, mais dans le sol il subsiste un bulbe qui, au printemps, va donner un nouveau glaïeul fleuri.

DOC 2 Le devenir des êtres vivants du jardin durant l'hiver

J'utilise le matériel pour mener une observation

Afin de montrer que le peuplement de la cour de l'école varie suivant les saisons, propose un protocole simple d'observation des oiseaux de l'école et mets-le en œuvre.

Des questions qui pourront t'aider !

- Comment faire venir les oiseaux à l'école ?
- Quel matériel utiliser pour voir les oiseaux ?
- Comment savoir leur nom ?
- Quand observer ?
- Pendant combien de temps ?
- Comment prendre en notes les résultats ?

DOC 3 Observer et prendre soin des animaux suivant les saisons

Activités

- Compare le peuplement du jardin de l'école l'hiver et l'été. Propose une hypothèse pour expliquer les différences (**doc. 1**).
- Explique ce que deviennent les êtres vivants que l'on ne voit pas l'hiver (**doc. 2**).

Je conclus

Explique pourquoi le peuplement d'un milieu de vie varie au cours des saisons.

VOCABULAIRE

- **l'hibernation :** état de vie ralenti, avec abaissement de la température du corps.
- **la migration :** déplacement saisonnier entre deux sites de vie.

57 Vivre sous les palétuviers

Je m'interroge

En Guadeloupe, il existe une forêt en partie immergée dans l'eau de la mer des Antilles : la **mangrove**. Les êtres vivants doivent, pour y vivre, établir de nombreuses **interactions** entre eux et avec leur milieu naturel. **De quelles relations s'agit-il ?**

Je cherche, je réalise

Le palétuvier rouge est un arbre très présent dans la mangrove. Ses nombreuses racines-échasses lui permettent de se fixer dans la vase : c'est une relation de support. Ces racines filtrent le sel de l'eau de mer afin que celle-ci puisse être absorbée pour les besoins nutritifs du palétuvier.

Dans le cycle de reproduction du palétuvier, la graine, à l'intérieur du fruit, germe sur l'arbre. Ce fruit a une forme de flèche qui, lorsqu'il se détache, peut ainsi se planter dans la vase. La partie supérieure du jeune palétuvier peut alors pousser en dehors de l'eau.

graine du palétuvier

fruit du palétuvier

DOC 1 **Le palétuvier, arbre symbole de la mangrove**

Sous l'eau, les racines-échasses des palétuviers servent de refuge et de support à de nombreux animaux : crevettes, barracudas, petits poissons, algues ou huitres.

huitres sur des racines

plante poussant dans les branches

Hors de l'eau, les racines et les tiges abritent le crabe des palétuviers, les nids de différents oiseaux (hérons, pélicans) et des végétaux variés.

DOC 2 Le palétuvier abrite tout un monde vivant

J'extrais les informations pertinentes d'un document

À l'aide de toutes les informations données, construis un réseau alimentaire simple présentant les interactions entre les êtres vivants de la mangrove.

Quelques êtres vivants de la mangrove et leurs régimes alimentaires

crevette
algues, poissons morts

poisson-grenouille
crevettes, poissons

algue

palétuvier

héron vert
poissons, crabes

crabe des palétuviers
feuilles de palétuvier

DOC 3 Construire le réseau alimentaire de la mangrove

Activités

- Explique comment le palétuvier arrive à vivre dans la mangrove, malgré la vase et l'eau salée (**doc. 1**).
- Dans un tableau, relève des exemples d'interactions entre les êtres vivants liées soit à l'habitat, soit à l'alimentation (**doc. 2** et **doc. 3**).

Je conclus

Explique ce qui se passerait si on coupait les palétuviers de la mangrove.

VOCABULAIRE

- **une interaction :** relation établie dans les deux sens.
- **la mangrove :** forêt située en bord de mer, dans les régions tropicales.

58 Préservons la biodiversité !

Je m'interroge

Avec la construction de routes et de voies ferrées, les milieux de vie des êtres vivants se trouvent modifiés. **Sais-tu quels sont les impacts de ces aménagements sur la biodiversité et comment la préserver ?**

Je cherche, je réalise

La fragmentation d'une forêt au fil du temps

La construction des autoroutes découpe les milieux de vie en plusieurs territoires séparés par un obstacle difficile à franchir. L'isolement des animaux fragilise ainsi leur survie et leur reproduction.

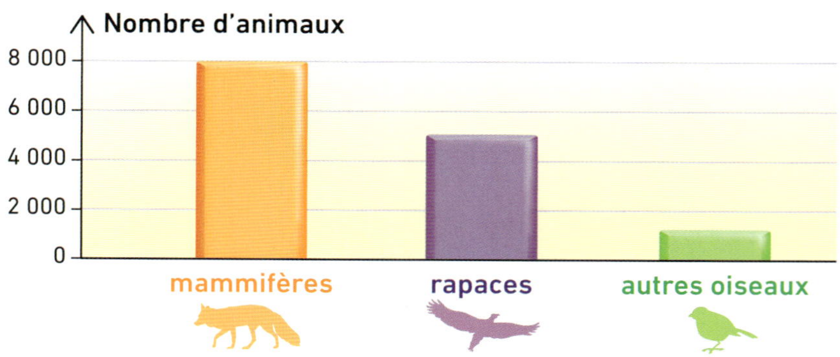

Entre 1992 et 2007, une association a compté les animaux morts suite à des impacts avec des véhicules, sur 300 km d'autoroute entre Dijon et Troyes.

DOC 1 **Les effets de la construction d'une autoroute sur la biodiversité**

Pour identifier certains impacts humains, je décris un exemple d'aménagement de l'espace par l'être humain et ses conséquences sur l'environnement.

Principe d'un passage supérieur aménagé pour la faune

Principe d'un passage inférieur aménagé pour la faune

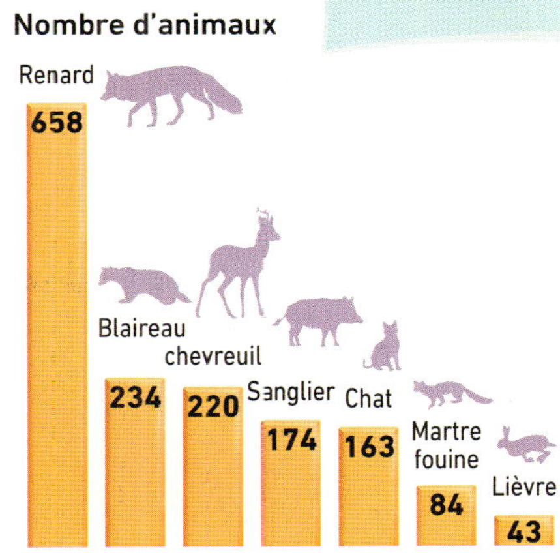

Grâce à leurs empreintes, on a pu relever le nombre de traversées de mammifères dans neuf passages de l'autoroute A39, entre 2007 et 2009. Ces passages forment des corridors biologiques permettant le passage d'un côté de la route à l'autre. Ils font partie de la **trame verte et bleue**, un réseau permettant les échanges entre les réservoirs de biodiversité, zones riches en diverses espèces animales.

DOC 2 Des passages pour aider les animaux à traverser l'autoroute

Je traite des données numériques

En observant une carte ou une image satellite de ta commune, essaye de retrouver des aménagements qui réduisent le territoire des animaux (routes, voies ferrées, zones d'activité, surfaces agricoles...), puis recherche des zones de circulation possibles (haies, rivière, fossé...).

Pour voir ta commune depuis un satellite ou sur une carte, tu peux utiliser le site Géoportail de l'Institut géographique national (IGN).

géoportail

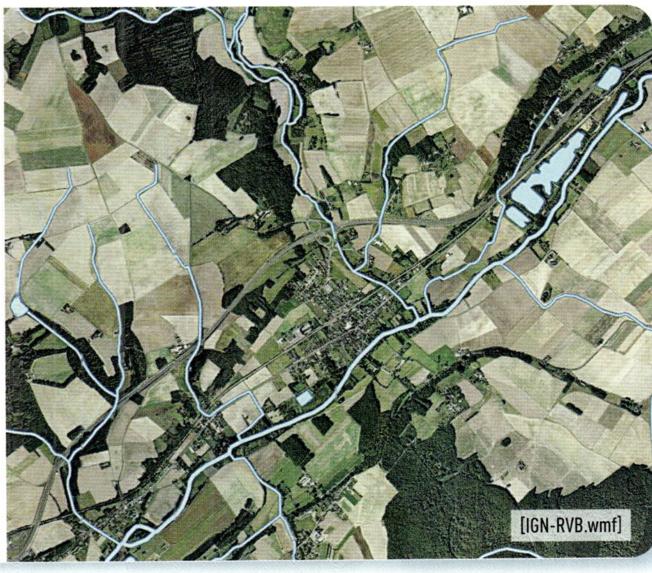

DOC 3 Retrouver les aménagements près de chez soi

Activités

- Explique en quoi la construction d'une autoroute est une menace pour la biodiversité (**doc. 1**).
- Quelle solution est proposée par les constructeurs d'autoroutes (**doc. 2**) ? Quel est l'impact sur la biodiversité locale ?

Je conclus

Explique comment il est possible d'aménager le territoire pour faciliter les activités humaines, tout en préservant la biodiversité.

VOCABULAIRE

- **la biodiversité :** diversité des êtres vivants et des milieux de vie.
- **la trame verte et bleue :** réseau permettant aux animaux de circuler entre les zones riches en biodiversité.

59 Les thons ont du sushi à se faire

Je m'interroge

Enzo s'inquiète de l'avenir des thons rouges en Méditerranée et Clara s'inquiète pour son cousin, marin pêcheur à Marseille. **Connais-tu une solution pour préserver la population de thons rouges, tout en permettant aux pêcheurs de gagner leur vie ?**

Je cherche, je réalise

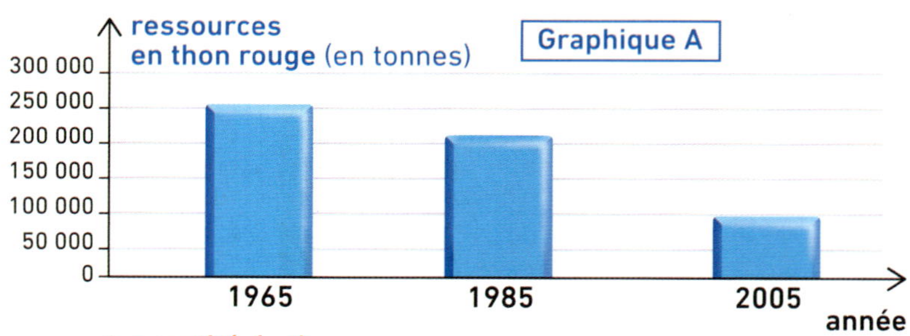

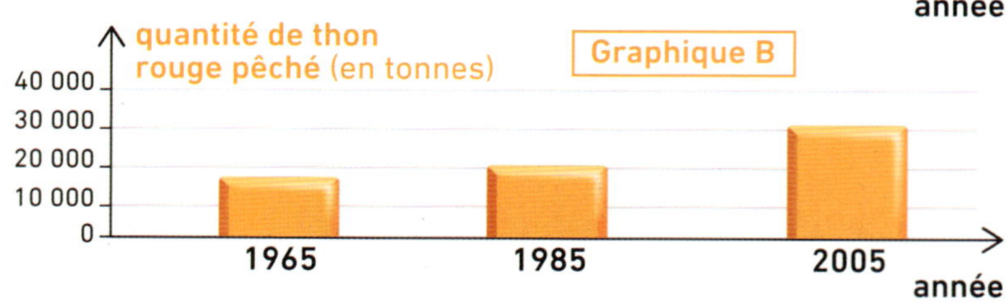

Depuis 1965, les scientifiques ont suivi les **ressources naturelles** en thon rouge dans l'océan Atlantique et la mer Méditerranée (graphique A). Ils ont également estimé la quantité de thon pêchée (graphique B).

DOC 1 Le thon rouge, une ressource naturelle exploitée par l'homme

Pour suivre et décrire le devenir de ressources issues de l'environnement, je décris les conséquences de l'exploitation d'une ressource naturelle. J'explique quelques mesures de gestion raisonnée.

Thon rouge
- Taille : **Jusqu'à 2 m**
- Poids : **Jusqu'à 700 kg**
- Âge : **Jusqu'à 40 ans**

Selon la Commission internationale pour la conservation des thonidés de l'Atlantique (CICTA), la population des thons rouges de Méditerranée a failli disparaitre en 2001. Le stock de thons capables de se reproduire était tombé à 150 000 tonnes en 2008. D'après une estimation, en 2013, le stock serait remonté à 585 000 tonnes.

Des mesures pour gérer les ressources marines
- L'arrêt de la pêche d'une espèce pendant une à plusieurs années.
- La définition d'une quantité maximale de poissons pouvant être pêchés durant une année.
- La définition d'une taille minimale des individus pouvant être pêchés.
- La limitation dans une année de la saison de la pêche autorisée.

DOC 2 Des mesures de sauvegarde du thon rouge en Méditerranée

Je simule un phénomène à l'aide d'outils numériques

SOCLE

À l'aide du logiciel Sim'Thon, tu peux simuler l'évolution de la quantité de thons rouges de Méditerranée.

Pour mettre en œuvre une **gestion raisonnée** de cette ressource, trouve les mesures à prendre pour empêcher sa disparition, tout en conservant l'emploi chez les marins pêcheurs.

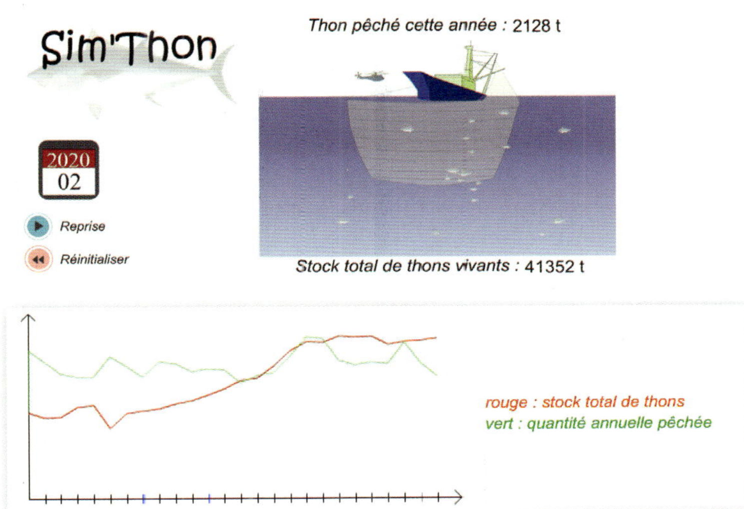

DOC 3 Gérer la sauvegarde du thon rouge

Activités

- Compare l'évolution de la population de thons rouges et de la pêche de cette ressource depuis 1965 (**doc. 1**).
- Explique le but des mesures de sauvegarde du thon rouge en Méditerranée. Sont-elles efficaces (**doc. 2** et **doc. 3**) ?

Je conclus

Explique comment l'homme peut parvenir à exploiter les ressources en poissons des océans sans mettre en danger les espèces qu'il pêche.

VOCABULAIRE

- **une gestion raisonnée** : gestion permettant d'assurer le renouvellement des ressources naturelles en évitant toute surexploitation.
- **une ressource naturelle** : produit issu du milieu naturel et indispensable aux êtres vivants.

Je fais le bilan ... par le texte

J'ai découvert :

- L'influence des saisons sur le peuplement des milieux
- Les interactions des êtres vivants entre eux et avec le milieu.
- L'influence des activités humaine sur la biodiversité et la préservation des ressources naturelles.

56 Le jardin de l'école au fil des saisons

- Le peuplement d'un milieu varie suivant les saisons. L'hiver, lorsque la température diminue, certains êtres vivants demeurent actifs, d'autres rentrent en vie ralentie ou meurent tandis que certains animaux migrent.

57 Vivre sous les palétuviers

- Certaines caractéristiques des êtres vivants leur permettent d'être adaptés aux conditions de vie du milieu.
- Les organismes qui peuplent un milieu réalisent des **interactions**, par exemple, sous la forme de relations alimentaires.

58 Préservons la biodiversité !

- Par ses activités, l'homme agit sur la **biodiversité** soit de façon négative, en détruisant ou fractionnant les milieux de vie ; soit de façon positive, en mettant en œuvre des actions de préservation de la biodiversité.

59 Les thons ont du sushi à se faire

- L'exploitation intensive des **ressources naturelles** (poissons, forêt, eau…) peut mettre en danger ces ressources et les épuiser.
- Une **exploitation raisonnée et durable** permet aux ressources de se renouveler.

Je me suis entraîné à :

- Utiliser un mode de représentation formalisé (exemple : réseau alimentaire...).
- Exploiter des documents constitués de différents supports pour comprendre le peuplement.
- Extraire les informations pertinentes d'un document et les mettre en relation pour répondre à une question.
- Simuler des phénomènes en utilisant l'outil numérique.
- Relier des connaissances acquises en Sciences et Technologie à des questions d'environnement comme la préservation de la biodiversité.

J'ai utilisé les mots :

- biodiversité
- gestion raisonnée
- interactions
- ressources naturelles

Je fais le bilan ... par l'image

Les êtres vivants dans leur environnement

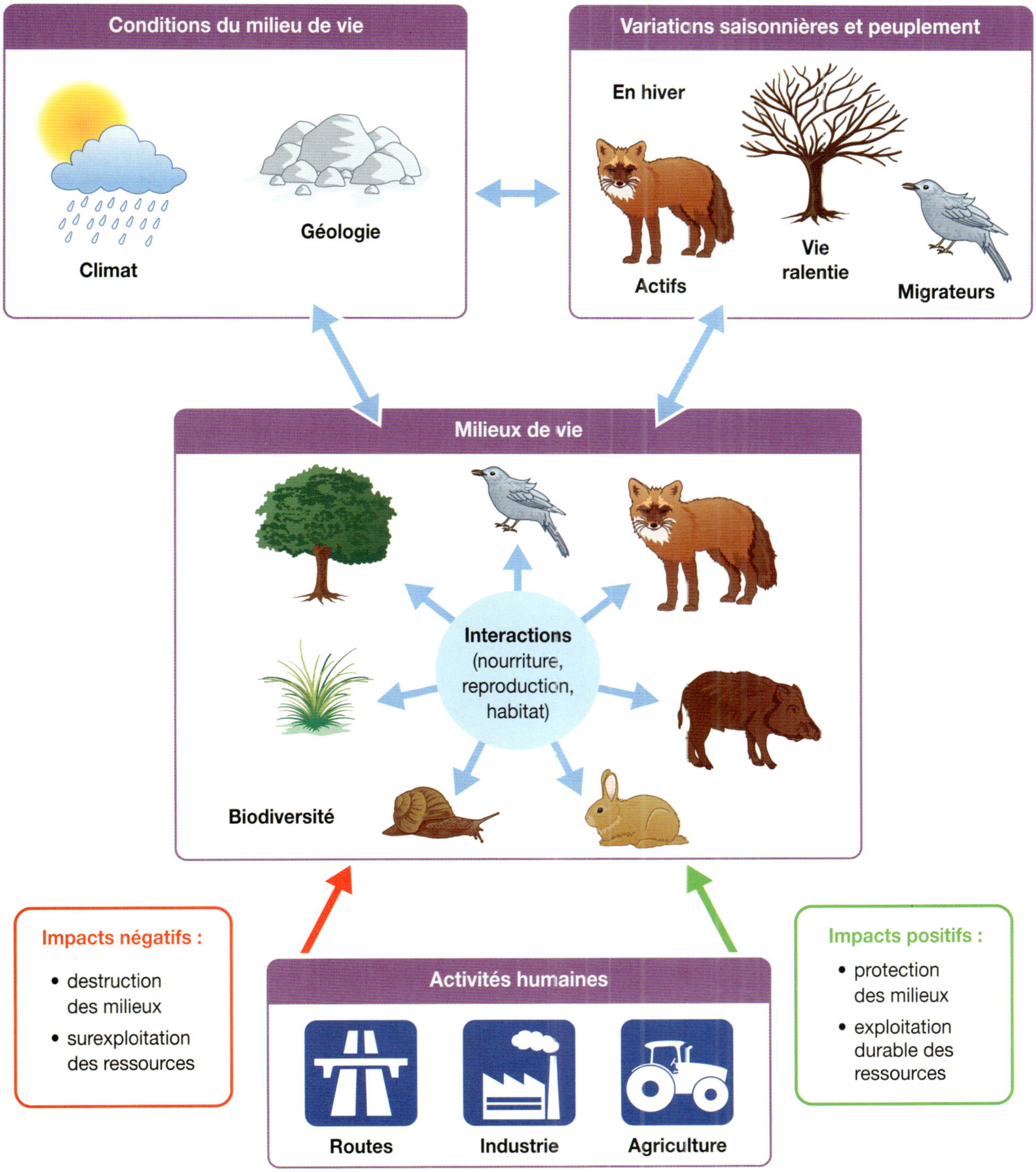

Projet 7

Adoptons un savant

Il a fallu plus de 2 000 ans aux savants pour comprendre l'organisation du système solaire. Ce projet te permettra de retracer l'avancée des connaissances aux cours de l'Histoire.

Adopte un génie !

Aristote

Eratosthène

Copernic

Kepler

Galilée

Voici les hommes qui ont changé notre façon de voir le ciel et la Terre. Choisis un de ces génies, puis mène ton enquête sur lui en répondant aux questions suivantes :

- **Quand et où a-t-il vécu ?**
- **Quel était son métier ?**
- **Comment se représentait-il le système solaire ?**
- **Quels étaient ses arguments ?**

Et si on refaisait le procès de Galilée…

En 1633, Galilée est arrêté et jugé par un tribunal religieux pour avoir défendu la vision du monde de Copernic dans un de ses livres, s'opposant ainsi à l'interprétation de la Bible.
Vieux, fatigué et presqu'aveugle, Galilée finit par avouer s'être trompé : il est alors condamné à rester enfermé dans sa résidence près de Florence, en Italie.

Recherche des informations sur le procès de Galilée puis, avec un camarade, réalise une saynète en reprenant les arguments de Galilée et ceux de ses accusateurs.

Prouve que Galilée avait raison !

En 1851, Léon Foucault, un savant français, cherche à montrer que la Terre tourne bien sur elle-même comme le pensait Galilée. Il fabrique un gigantesque pendule, en accrochant une boule de laiton au bout d'une longue corde. Il fait osciller le pendule.

- **Si le pendule décrit des va et vient toujours sur la même ligne, c'est que la Terre est fixe.**
- **Si le pendule change doucement de trajectoire, c'est qu'il est dévié par la rotation de la Terre.**

Cahier des charges

- À partir du matériel ci-dessous, propose une expérience simple pour reproduire celle de Foucault dans la classe.
- Réalise l'expérience en la filmant. Le rouleau restera-t-il toujours debout ?

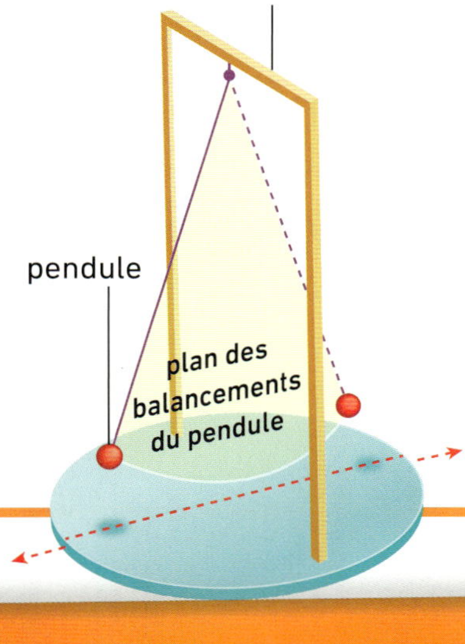

Projet 8

Hébergeons les insectes !

Pour quels invités ?

abeille charpentière

bourdon

Pour apprendre à connaître les invités de ton hôtel, réalise une fiche d'identité en répondant aux questions suivantes.

- **Où habitent-ils ?**
- **Que mangent-ils ?**
- **Comment se développent-ils ?**
- **Comment passent-ils l'hiver ?**
- **Quels rôles peuvent-ils jouer dans le jardin de l'école ?**

forficule

syrphe

osmie

carabe

chrysope

coccinelle

megachile

Des matériaux pour l'abri

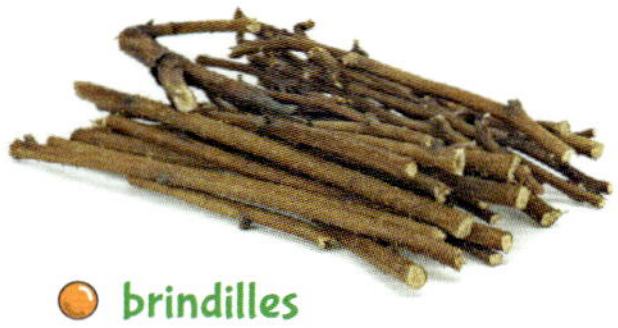

brindilles

feuilles mortes

planches de bois

brique

mousse végétale

pommes de pin

bûche percée

paille

tiges de bambou

À l'aide des fiches d'identité, explique pourquoi tu vas utiliser ces matériaux dans la construction d'un hôtel à insectes.

pot de terre

Deviens architecte pour insectes !

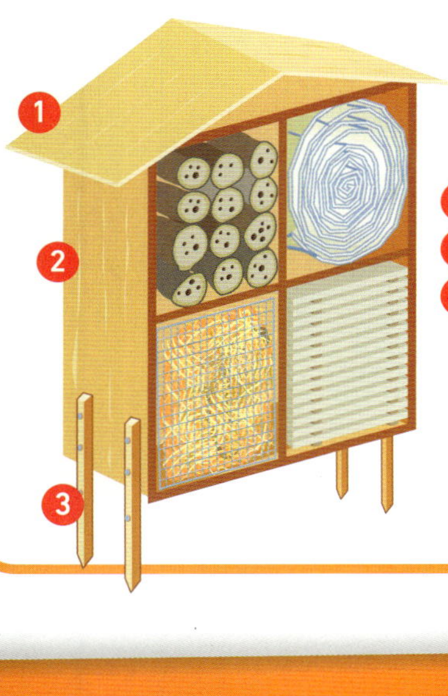

1 toit
2 montant
3 piquets

cloisons perpendiculaires

cloisons en croisillons

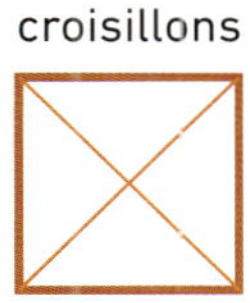

Cahier des charges

- ✓ Dessiner les chambres de l'hôtel à insectes en ajoutant des cloisons, soit perpendiculaires aux montants, soit en croisillons.
- ✓ Dessiner dans chaque chambre les matériaux à disposer pour héberger les insectes.

Fiches méthode

J'apprends à...

Fiche 1

J'apprends à…

… Formuler une question ou une problématique scientifique ou technologique simple

Une question scientifique ou technologique est une question que tu peux te poser et pour laquelle tu n'as pas de réponse immédiate. Il est alors nécessaire d'effectuer une investigation pour y répondre.

C'est une question qui ne nécessite pas de recherche, il suffit de les compter.
Ce n'est pas une question scientifique.

Pour répondre à ta question, tu devras observer en détail le phasme et rechercher ce qu'est un insecte.
C'est une question scientifique.

UNE SITUATION DE DÉPART :
L'observation d'un élevage de phasmes

Ce n'est pas une question, mais une constatation.
Ce n'est pas une question scientifique.

Pour répondre à ta question, tu devras effectuer des mesures.
C'est une question scientifique.

Comment faire ?

- Fais le point sur ce que tu penses déjà savoir et sur ce que tu as constaté.
- Pose-toi des questions sur ce que tu observes. Écris-les pour bien les formuler.
- Partage tes questions avec le reste de la classe.
- Avec l'aide de ton professeur, repère celles qui sont des questions scientifiques, sur lesquelles on peut mener des recherches à l'école.
- Participe avec les autres élèves à la formulation la plus précise possible de la question.

J'ai réussi si…

- ✓ J'ai formulé une question sous forme interrogative.
- ✓ Ma question est formulée de manière simple et compréhensible par tous.
- ✓ Ma question est en lien avec la situation de départ et n'a pas de réponse immédiate.
- ✓ Ma question peut être résolue par une recherche en classe.
- ✓ Ma question me permet d'apprendre de nouvelles connaissances.

Fiche 2

J'apprends à...

... Proposer une ou des hypothèses pour répondre à une question ou un problème

Une hypothèse est une explication possible à une question ou un problème scientifique ou technologique. C'est une proposition de solution que l'on pourra ensuite tester lors d'une recherche.

LE PROBLÈME :
« Comment fait le pilote pour faire décoller la montgolfière, la maintenir en l'air et la diriger ? »

Un moteur comme sur un avion ? C'est une hypothèse que l'on peut tester en étudiant un schéma d'une montgolfière.

De l'air chaud pour faire voler une montgolfière ? C'est une hypothèse que l'on peut tester en faisant des expériences.

Oui, c'est un ballon qui vole mais cela n'explique pas comment. Ce n'est pas une hypothèse.

Le vent qui pousse la montgolfière ? C'est une hypothèse que l'on peut tester en faisant des expériences.

Comment faire ?

- Relis bien l'énoncé du problème : que cherchons-nous à savoir, à comprendre, à faire ?
- Fais appel à tes connaissances, à des documents et à ton imagination pour chercher des réponses possibles à la question posée.
- Formule une ou plusieurs propositions de réponses sous forme de phrases.
- Partage tes idées avec les autres élèves.
- Avec l'aide du professeur, choisis les idées qui pourraient apporter une solution au problème posé : ce sont les **hypothèses**.

J'ai réussi si...

- J'ai proposé une ou plusieurs solutions au problème posé.
- J'ai rédigé chaque proposition sous forme d'une phrase affirmative.
- Ma phrase répond bien à la question de départ.
- Ma solution est vraisemblable, d'après ce que je sais déjà.
- On peut trouver un moyen de vérifier si ma proposition est juste ou fausse.

Fiche 3

J'apprends à...

... Proposer des expériences simples pour tester une hypothèse

Une expérience est un moyen de tester une hypothèse, elle permet d'observer ou de mesurer une conséquence vérifiable de l'hypothèse.

Je recherche une conséquence de l'hypothèse que je peux vérifier.

Je recherche un moyen pratique de vérifier la conséquence.

Je prévois ce que je vais observer ou mesurer.

Hypothèse à tester :
« Si l'eau une fois gelée occupe un volume supérieur à celui de l'eau liquide, alors je devrais observer des graduations supérieures au dispositif témoin. »

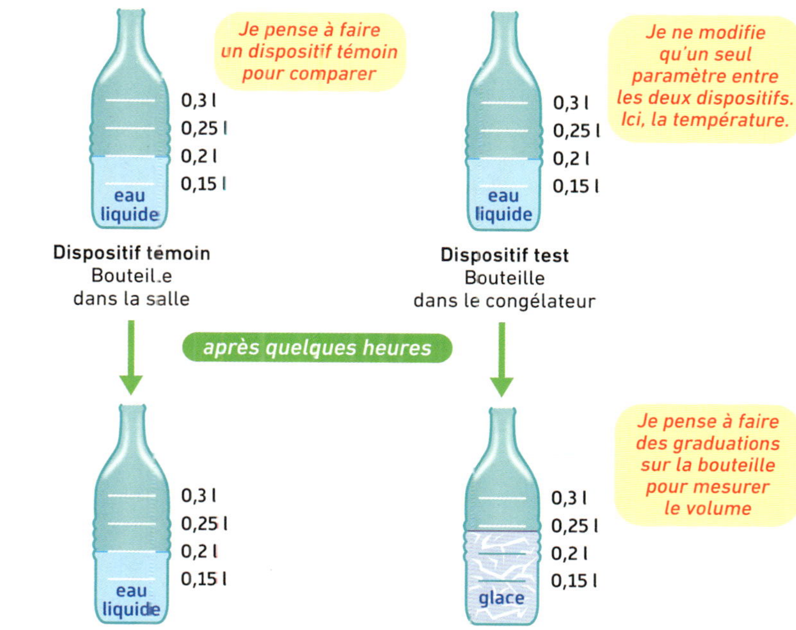

Comment faire ?

- Recherche une conséquence de l'hypothèse « Si mon hypothèse est juste, alors je devrais observer que... ».
- Repère le paramètre à tester, celui que tu vas modifier.
- Imagine deux dispositifs (dispositif témoin et dispositif test) qui présentent une seule différence. Cette unique différence concerne le paramètre à tester.
- Prévois les observations (ou mesures) qui te permettront de décrire le phénomène étudié dans l'expérience.
- Prévois quand et comment ces observations (ou mesures) devront être faites.
- Penser à conserver tes observations (ou mesures réalisées) : tableau, dessin, photographies, texte...

J'ai réussi si...

- J'ai identifié le phénomène étudié et le paramètre à tester.
- J'ai fait en sorte que les deux dispositifs ne présentent qu'une seule différence : le paramètre à tester.
- J'ai prévu les éléments suivants :
  - le matériel nécessaire à la mise en place des dispositifs, aux observations ou aux mesures ;
  - le déroulement de l'expérience dans le temps (durée, moments des observations ou mesures) ;
  - la conservation d'une trace des résultats observés ou mesurés.

Fiche 4

J'apprends à...

... Interpréter un résultat, en tirer une conclusion

Une expérience permet de tester une hypothèse. Il faut donc interprétez les résultats pour conclure si l'hypothèse de départ peut être conservée ou éliminée.

Exemple d'une expérience permettant de tester l'hypothèse suivante :
« L'eau salée, à l'état liquide, se solidifie à une température différente de l'eau non salée. »

Expérience	Mesure de la température de solidification
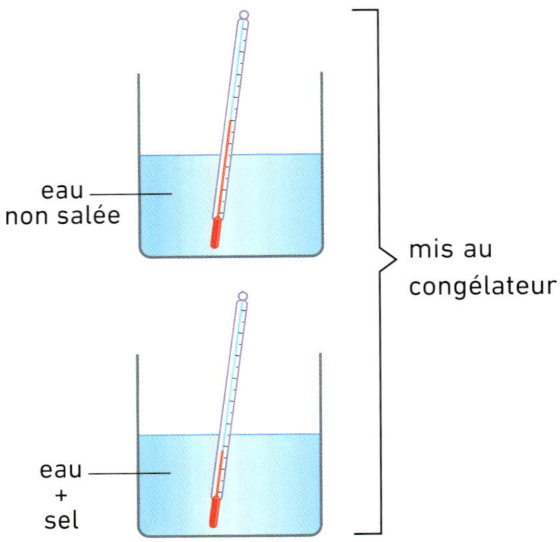	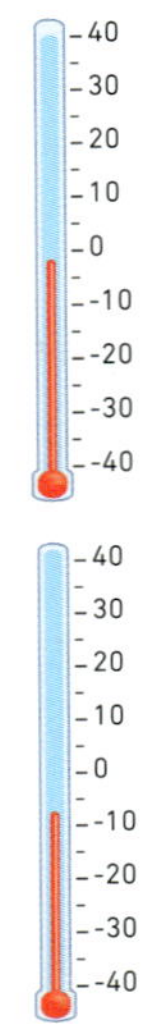

Je décris les résultats pour chaque dispositif.

- *Dans le dispositif 1, l'eau non salée se solidifie à une température inférieure à 0° C.*
- *Dans le dispositif 2, l'eau salée se solidifie à partir d'une température de -7° C.*

Les résultats sont différents, donc **je peux conclure** que le **paramètre testé** (ici la présence du sel) a un effet sur le **phénomène étudié** (ici la solidification de l'eau liquide). Je fais une phrase pour expliquer ce que m'a appris cette expérience.

En comparant les résultats de ces deux dispositifs, je peux conclure que le sel permet à l'eau de geler à une température plus basse.

Comment faire ?

- Recherche le paramètre testé, c'est celui qui diffère entre les deux dispositifs.
- Recherche ce qui est observé ou mesuré.
- Décris les résultats observés ou mesurés dans les différentes conditions de l'expérience.
- Compare les résultats pour voir s'ils sont vraiment différents.
- Si les résultats sont différents, tu peux conclure que cette différence est due au paramètre testé. Fais une phrase pour expliquer comment le paramètre fait changer le phénomène étudié.
- Si les résultats ne sont pas différents, tu peux conclure que le paramètre ne fait pas changer le phénomène étudié.

J'ai réussi si...

- ✓ J'ai identifié le paramètre testé.
- ✓ J'ai décrit correctement le résultat observé (ou mesuré).
- ✓ J'ai comparé les résultats des deux dispositifs à l'issue de l'expérience.
- ✓ J'ai conclu en décrivant à l'aide d'une phrase, l'effet du paramètre testé sur le phénomène étudié.

Fiche 5

J'apprends à...

... Formaliser une partie de ma recherche sous une forme écrite ou orale

Le cahier d'expérience doit te permettre de retrouver non seulement les résultats de tes recherches, de structurer tes connaissances mais aussi de noter les étapes de ton investigation.

La germination des graines ❶

Problème : Qu'y-a-t-il dans une graine qui lui permet de germer ? ❷

Je pense qu'il doit y avoir une plante minuscule, un bébé plante, dans la graine qui va grandir. ❸

Hypothèse : La graine contient une « petite plante ». ❹

Mes idées pour tester l'hypothèse ❺
Je vais couper une graine en deux pour voir ce qu'il y a dedans.

Le résultat de mon observation ❻

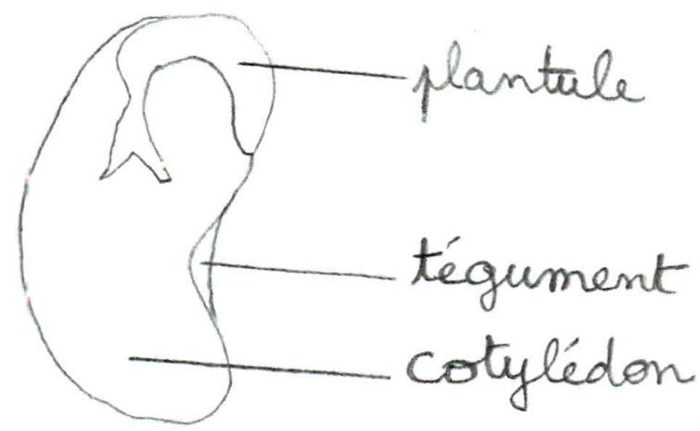

Ma conclusion : ❼
Dans la graine de haricot, j'ai vu une petite plante avec des petites feuilles, ça s'appelle une plantule. Il y a aussi une peau, le tégument et les cotylédons.
Mon hypothèse est validée.

Comment faire ?

Sur ton cahier d'expériences, écris :

❶ Le sujet étudié.
❷ Le problème que tu dois résoudre sous la forme d'une ou plusieurs questions.
❸ Ce que toi ou tes camarades pensent savoir sur la question.
❹ L'hypothèse que tu veux tester résumée en une phrase simple.
❺ Ce que tu compte faire pour tester l'hypothèse (expérience, observation, enquête, modélisation...).
❻ Les résultats de ta recherche sous forme d'un dessin, d'un tableau ou d'un petit texte.
❼ La conclusion que tu peux déduire de tes résultats et les connaissances associées.

J'ai réussi si...

- J'ai bien noté tous les moments de ma recherche en faisant ressortir la question scientifique posée et la conclusion.
- J'ai rédigé différentes formes d'écrits pour rendre compte de ma recherche.
- J'ai utilisé des phrases courtes et compréhensibles.
- J'ai utilisé les mots nouveaux que j'ai appris au cours de la recherche.
- J'ai structuré mes connaissances sous la forme d'un résumé.

Lexique

A

- **activité physique :** mouvements du corps qui font dépenser plus d'énergie à notre organisme que lorsqu'il est au repos.
- **algorithme :** suite chronologique d'instructions (tests et actions) qui, une fois exécutée, conduit à un résultat attendu.
- **alliage :** c'est un mélange de métaux.

B

- **besoin :** ensemble de ce qui apparait comme désirable, nécessaire ou obligatoire à une personne.
- **biodégradable :** matière qui se décompose et se transforme naturellement.
- **biodiversité :** c'est la variété des êtres vivants sur Terre, mais également la variété des espèces et des milieux de vie.

C

- **caractère :** élément précis d'un être vivant (poils, plumes…) utilisé pour regrouper les organismes dans la classification scientifique.
- **caractéristique physique :** propriété qui permet d'identifier une matière/un matériau.
- **carnivore :** se nourrit de matière animale.
- **charbon :** roche formée à partir de la dégradation des végétaux.
- **circulation sanguine :** trajet effectué par le sang dans les vaisseaux sanguins.
- **codage binaire :** codage d'un signal qui ne peut avoir que deux positions (0/1).
- **coder :** transcrire un message en utilisant les règles d'un code.
- **composante biologique :** êtres vivants peuplant un paysage.
- **composante géologique :** élément naturel non vivant d'un paysage (roches, sol, eau…).
- **compost :** mélange de matière minérale et matière organique, utilisé comme engrais.
- **compression :** diminution du volume d'un gaz.
- **conception :** c'est la recherche des solutions techniques permettant à l'objet de réaliser ses fonctions d'usage et d'estime.
- **condensation :** changement d'état de la matière d'un état gazeux à un état liquide (ou solide).
- **constituant :** élément qui compose une solution technique ou ses organes.
- **contrainte :** une obligation que l'objet technique doit respecter.
- **coulée de lave :** lave fluide s'étalant sur les flancs du volcan.
- **croissance :** augmentation de la taille et de la masse d'un organisme. Elle peut être continue ou discontinue.
- **croissance discontinue :** se dit d'une croissance qui n'est pas progressive.
- **cycle :** série de phénomènes se renouvelant.

D

- **décantation :** technique de séparation qui consiste à laisser se reposer le mélange jusqu'à ce que certains constituants tombent au fond du récipient.
- **déchet :** matière dont on n'a plus l'utilité immédiate.
- **décomposition :** c'est la transformation de la matière organique qui compose les êtres vivants en matière minérale, quand ils sont morts.

- **designer :** professionnel en charge de la création d'objets techniques.
- **détente :** augmentation du volume d'un gaz.
- **développement :** ce sont les modifications subies par l'organisme au cours de sa vie. Il peut être direct ou indirect.
- **digestion :** transformation des aliments en nutriments.
- **dioxyde de carbone :** gaz incolore, inodore contenu dans l'atmosphère.
- **distillation :** technique de séparation utilisant l'ébullition puis la condensation d'un liquide.

E

- **eau minéralisée :** eau contenant des minéraux dissous (sodium, calcium). L'eau déminéralisée n'en contient plus.
- **ébullition :** formation de bulles lors d'un changement violent d'une matière à l'état liquide vers l'état gazeux.
- **éclipse solaire :** disparition temporaire d'une source de lumière (le Soleil) par rapport à un autre objet (la Lune).
- **écoresponsable :** qui agit en respectant la nature et l'environnement.
- **éléments minéraux :** éléments provenant des roches et de l'activité des êtres vivants du sol, indispensables au bon fonctionnement de l'organisme.
- **émetteur :** objet ou personne qui délivre un signal.
- **énergie fossile :** qualifie les matières issues de la dégradation des végétaux et des animaux sur une période très longue.
- **environnement :** c'est tout ce qui nous entoure, les animaux, les végétaux, les paysages…
- **épicentre :** le point à la surface de la Terre où le séisme est le plus intense.
- **éruption volcanique :** projections plus ou moins violentes hors d'un volcan (lave, gaz, cendres…).
- **espèce :** ensemble des êtres vivants qui se ressemblent et qui peuvent se reproduire entre eux.
- **espèce invasive :** espèce introduite volontairement ou accidentellement dans un milieu dont elle était absente et dans lequel elle va se développer très vite, au détriment des autres êtres vivants.
- **états de la matière :** la matière peut se présenter à l'état solide, liquide et gazeux.
- **étoile :** astre produisant sa propre lumière.
- **évaporation :** passage progressif de l'état liquide à l'état gazeux.
- **évolution :** c'est la modification au cours du temps des caractères portés par des organismes vivants.

F

- **fibre :** élément bénéfique pour notre digestion.
- **fichier :** ensemble d'informations (texte, photo…) enregistré sous un même nom.
- **filetage :** rainure creusée sur une vis.
- **fœtus :** c'est l'étape de développement qui succède à l'embryon avant la naissance du futur bébé.
- **fonction d'estime :** ce en quoi doit plaire l'objet technique. Elle est exprimée à l'aide d'un verbe à l'infinitif suivi d'un complément.
- **fonction d'usage :** ce à quoi sert l'objet technique. Exprimée à l'aide d'un verbe à l'infinitif suivi d'un complément.
- **fonction technique :** ce que doit faire l'objet technique pour assurer ses fonctions d'usage et d'estime.
- **forme d'énergie :** manière dont l'énergie se présente (thermique, mécanique…).

Lexique

- **fossile :** trace ou reste d'organismes vivants (animaux, végétaux…) que l'on trouve dans certaines roches.
- **fuseau horaire :** zone de la surface terrestre où l'heure est la même.
- **fusion :** changement d'état de la matière d'un état solide à un état liquide.

G

- **gestion raisonnée :** gestion permettant d'assurer le renouvellement des ressources naturelles en évitant toute surexploitation.
- **glucides (sucres) :** ce sont les sucres lents et les sucres rapides.
- **graine :** organe d'une plante qui se trouve dans le fruit et qui renferme un embryon capable de se développer en une nouvelle plante.
- **groupe :** ensemble d'êtres vivants qui partagent les mêmes caractères.

H

- **hibernation :** état de vie ralenti, avec abaissement de la température du corps.

I

- **information :** renseignement qu'on souhaite transmettre.
- **innovation :** utilisation de principes techniques connus pour améliorer un objet.
- **interaction :** relation établie dans les deux sens.
- **invention :** objet technique qui n'existait pas auparavant.
- **isolant thermique :** matériau qui empêche le froid ou le chaud de s'échapper.

L

- **larve :** être vivant à l'éclosion qui est différent de l'adulte.

M

- **mangrove :** forêt située en bord de mer, dans les régions tropicales.
- **maquette :** sert à modéliser un objet technique et à tester certaines de ses fonctions.
- **masse :** caractérise la matière, se mesure avec une balance.
Unité de mesure : le gramme (g).
- **matériau :** matière que l'homme transforme et façonne pour en faire des objets.
- **matière grasse :** élément nécessaire au corps en quantité limité.
- **mélange :** matière qui a plusieurs constituants.
- **métamorphose :** stade du développement où la larve devient un adulte.
- **migration :** déplacement saisonnier entre deux sites de vie.
- **modélisation :** représentation simplifiée du réel.
- **mouvement :** changement de position d'un objet au cours du temps.
- **mouvement accéléré :** mouvement dont la vitesse augmente au cours du temps.
- **mouvement circulaire :** mouvement dont la trajectoire est un cercle ou un arc de cercle.
- **mouvement ralenti :** mouvement dont la vitesse diminue au cours du temps.
- **mouvement rectiligne :** mouvement dont la trajectoire est une ligne droite.

- **mouvement uniforme :** mouvement dont la vitesse reste constante au cours de temps.
- **muer :** c'est quand un animal change de peau ou de squelette externe sous l'effet de la croissance. Cette peau s'appelle la mue.

N

- **nuée ardente :** mélange de gaz brulants de lave et de cendres dévalant les bords du volcan.
- **nutriments :** substances telles que les matières grasses, les protéines ou les glucides, qui proviennent de la digestion des aliments.

O

- **objet technique :** objet conçu et fabriqué par les humains afin de répondre à un besoin.
- **olfactif :** en rapport avec l'odorat.
- **omnivore :** se nourrit de matière d'origine diverse (animale, végétale, champignon...).
- **organe (pour un objet technique) :** assemblage de constituants ; une solution technique est composée d'un ou de plusieurs organes.
- **organigramme :** représentation graphique de la suite d'instructions d'un programme.

P

- **périphérique :** appareil externe raccordé à l'unité centrale d'un ordinateur : clavier, souris, écran, clef USB...
- **pile (ou pilier) :** en architecture, support vertical supportant une charge.
- **planète :** astre tournant autour d'une étoile en renvoyant sa lumière.
- **planning :** suite d'étapes représentée sous la forme d'un tableau chronologique.
- **primate :** animal qui possède un pouce opposable, des ongles à la place des griffes et des yeux de face sur le visage.
- **principe technique :** manière dont fonctionne un objet.
- **programme :** réalisation d'un algorithme destiné à être exécuté par un ordinateur.
- **propriété :** caractéristique propre d'une matière qui la distingue d'une autre matière.
- **protéines :** élément nécessaire au fonctionnement du corps et qui constituent les muscles.
- **puberté :** c'est l'étape du développement d'un être humain où il devient physiquement capable d'avoir des enfants.

R

- **récepteur :** objet ou personne qui reçoit un signal.
- **recyclage :** technique de réutilisation des déchets permettant de les introduire dans un cycle de production.
- **référence :** point d'où l'on observe un mouvement.
- **régime alimentaire :** ensemble des aliments consommés par un animal.
- **renouvelable :** qualifie une énergie qui peut se reconstituer naturellement et assez rapidement.
- **ressource naturelle :** produit issu du milieu naturel et indispensable aux êtres vivants.

S

- **satellite :** astre tournant autour d'une planète.

Lexique

- **secousse sismique :** vibration se déplaçant à partir du séisme.
- **sédentarité :** activité physique très insuffisante ou absente (assis devant un écran, repos…).
- **séisme :** tremblement de terre.
- **signal :** grandeur physique qui permet de transporter une information.
- **solidification :** changement d'état de la matière d'un état liquide à un état solide.
- **solution technique :** manière dont est faite une fonction technique.
- **source d'énergie :** la ressource ou phénomène naturels utilisés dans la production d'énergie.
- **suc digestif :** liquide qui participe à la digestion en coupant les aliments en nutriments.

T

- **tablier :** partie du pont qui porte la voie de circulation.
- **tactile :** en rapport avec le toucher.
- **tempête :** phénomène météo violent caractérisé par des vents forts.
- **tétrapodes :** animaux qui possèdent des vertèbres et quatre membres.
- **trajectoire :** positions successives occupées par un objet en mouvement.
- **trame verte et bleue :** réseau permettant aux animaux de circuler entre les zones riches en biodiversité.
- **tri :** répartition des éléments d'un ensemble à partir de critères définis.

U

- **unité centrale :** boitier de l'ordinateur contenant ses composants internes (processeur, mémoires, ventilateur…).

V

- **vaisseaux sanguins :** tubes dans lesquels circulent du sang. Il en existe deux sortes, les artères qui partent du cœur et les veines qui vont au cœur.
- **vigilance météorologique :** mise en garde des populations exposées aux risques météorologiques.
- **vitesse :** rapport de la distance parcourue par un objet sur la durée du parcours.
- **volume :** espace qu'occupe la matière. Unité de mesure : le litre (L).